Igbadu
A cabaça da existência

Adilson de Oxalá
(Awofa Ogbebara)

Igbadu
A cabaça da existência

Mitos nagôs revelados

2ª edição
7ª reimpressão

Rio de Janeiro
2024

Copyright © 1998, by Adilson de Oxalá
(Awofa Ogbebara)

Editor:
Cristina Fernandes Warth

Coordenação Editorial:
Heloisa Brown

Copydesk:
Ieda Raro Schmidt

Revisão:
Wendell S. Setúbal
Gisele Barreto Sampaio

Diagramação e Editoração Eletrônica:
Esteio

Capa:
Leonardo Carvalho

Todos os direitos reservados à Pallas Editora e Distribuidora Ltda.
É vetada a reprodução por qualquer meio mecânico, eletrônico, xerográfico, etc., sem a permissão por escrito da editora, de parte ou da totalidade do material escrito.

CIP-BRASIL. CATALOGAÇÃO-NA-FONTE.
SINDICATO NACIONAL DOS EDITORES DE LIVROS, RJ.

A974i
Awofa Ogbebara
2ª edição
 Igbadu: a cabaça da existência: mitos nagô revelados / Awofa Ogbebara – Rio de Janeiro: Pallas,
 Inclui bibliografia

 ISBN 978-85-347-0263-8

 1. Iorubás – religiões e mitologia. 2. Lendas afro-brasileiras.
 3. Culto afro-brasileiro. I.Título.

98-0513
CDD 299.6
CDU 299.6

Pallas Editora e Distribuidora Ltda.
Rua Frederico de Albuquerque, 56 – Higienópolis
CEP 21050-840 – Rio de Janeiro - RJ
Tel./ fax: (21) 2270-0186
www.pallaseditora.com.br
pallas@pallaseditora.com.br

Sumário

Dedicatória / 7
Agradecimentos / 9
Homenagem póstuma ao irmão que se foi / 11
Capítulo 1
   O início de tudo / 13
Capítulo 2
   O orgasmo cósmico / 43
Capítulo 3
   A criação do homem / 53
Capítulo 4
   O estabelecimento do culto / 75
Capítulo 5
   A vingança de Orumilá / 95
Capítulo 6
   Um movimento feminista / 105
Capítulo 7
   A decadência de Orumilá / 131
Capitulo 8
   A sociedade Egungun / 159
Capítulo 9
   Adaptação de um itan... / 181
   A volta ao Orun / 183
Obras consultadas / 187

Dedicatória

Dedico esta obra a todos os alunos e amigos do CECAA – Centro de Estudos da Cultura Afro-Americana, que muito me incentivaram na sua produção.

Dedico, ainda, a todos os seguidores da religião dos Orixás e aos leigos que desenvolvem pesquisas sobre a mesma.

Dedico, também, aos detratores da religião que, ao atacá-la, promovem a união entre os seus adeptos, contribuindo, desta forma, para o seu fortalecimento.

Agradecimentos

À Lúcia, Akofá Ogbeyuno, Iyapetebi de Orumilá, minha mulher e maior crítica do meu trabalho.

À Sandra, Vilma, Dinéia, Hercínia, Ana, Lúcia e Jorge, membros do grupo de estudos e pesquisas do CECAA. Aos radialistas, jornalistas, escritores etc. que, com muita coragem e desprendimento, se ocupam em divulgar as lendas dos Orixás.

Ao Prof. Fernandes Portugal, precursor no estabelecimento de cursos sobre a religião e a cultura afro-brasileiras.

Minha especial gratidão à Vilma de Oyá que, revisando meus textos, evitou que se tornasse de conhecimento público minhas agressões à gramática.

ADUKPÉ Ô!

Homenagem póstuma ao irmão que se foi

Repentinamente recebo a trágica notícia:
"A luz se apagou!"
E eis que, atônito, me questiono:
"E agora?
A Luz se apagou para sempre?
E como ficarão aqueles que se beneficiavam dela?
Às escuras, como cegos, perdidos nos garranchentos caminhos da vida?..."
Mas logo uma certeza me conforta e me dá novo ânimo:
"A Luz não se apagou, mudou de freqüência. Foi trasladada para um plano muito mais elevado onde poderá beneficiar muito mais pessoas, livre que se encontra agora das limitações de um corpo físico.
A Luz se libertou da matéria, ascendeu, cresceu e se tornou acessível a todos, em todos os quadrantes da Terra..."
... Por um instante sou impelido a olhar para o céu e descubro, lá no firmamento, uma estrela nova que, cintilando, parece piscar para mim de uma forma meio zombeteira.
E, reconhecendo o piscar maroto daquela estrela, balbucio cheio de emoção:
"Luiz de Jagun, você ainda é 'A Luz'!"

Adilson de Oxalá

Capítulo 1

O início de tudo

Em um tempo imemoriável, nada mais existia além do Orun.[1] Em seu palácio de paredes brancas e transparentes como o alabastro, com imensos salões, onde almofadões brancos como a neve faziam às vezes de cadeiras, todos os Orixás Funfun, criaturas da mais alta hierarquia espiritual,[2] passavam o tempo deliciando-se com frutos e néctares ainda hoje desconhecidos pelos humanos.

Rodeando o palácio, num grande bosque muito bem cuidado, floresciam todos os tipos de vegetais que, mais tarde, seriam desenvolvidos na Terra, e todas as espécies animais ali transitavam em total liberdade, mansos e pacíficos como o local onde viviam. Rios de águas puras e transparentes como cristal banhavam o solos do bosque e, em determinados pontos, precipitavam-se em forma de cachoeiras, formando piscinas naturais onde os seus habitantes costumavam banhar-se e divertir-se.

A temperatura era sempre agradável e ninguém sabia o que era calor, frio, fome, sede, ou qualquer tipo de necessidade.

---

1. Segundo a crença nagô, o Orun é o espaço mítico habitado por entidades espirituais de diferentes categorias. A concepção de Orun em muito se assemelha à do céu paradisíaco de outros povos. A morada dos Deuses, onde Olórun – O Criador Supremo – vivia cercado por seus filhos, Orixás, Eboras e espíritos das mais diversas categorias.

2. Existe na cultura religiosa nagô uma hierarquia espiritual bem definida, segundo à qual os Orixás Funfun (Orixás Brancos ou do branco) ocupam a posição mais elevada.

No Orun existiam todas as coisas que existem hoje em nosso mundo, só que de forma imaterial, mais sutil. Tudo o que ali havia era protótipo do que temos hoje em nosso plano existencial.

Nesse ambiente de total felicidade, não fosse a ociosidade em que viviam, tudo estava perfeito.

Naquele dia, Olórun se encontrava especialmente alegre. Havia tido uma idéia que, sem sombra de dúvidas, traria fim ao ócio reinante. Resolvera criar um novo mundo que seria habitado por seres mortais, mas semelhantes em tudo a Ele próprio, e, para tanto, precisaria da ajuda de todos os seus filhos.

Sentados em grandes almofadas, os Orixás Funfun, liderados por Obatalá, o primogênito, e Odudua;[3] participavam de uma importante reunião, durante a qual o Grande Deus dava ordens, explicava seus planos e distribuía funções.

– A ti, Obatalá, reservei a importante missão de criar o mundo dos mortais, ao qual chamaremos Aiê.[4] Todos os Orixás terão funções importantes neste projeto, mas deverão agir sob tuas ordens e orientações. Passo agora às tuas mãos o apo-iwa,[5] o saco da existência, e as minhas instruções devem ser seguidas à risca, em todos os detalhes. Nada poderá ser modificado, sob pena de não se atingir os objetivos a que nos dispomos.

Deves seguir em direção ao local denominado Opo Orun-Oun-Aiê [6], nos limites de nosso reino, onde encontrarás um

---

3. Odudua seria, numa visão mais esotérica, o princípio feminino-passivo da criação, que tem em Obatalá, sua contraparte, o princípio masculino-ativo. Filha mais velha de Olórun, e a única representante – dentre os Orixás Funfun – do sexo feminino.

4. Mundo material. Esse mundo deverá ser, em tudo, similar ao mundo espiritual em que vivemos.

5. Segundo se crê, todas as coisas que iriam formar o mundo material estavam simbolicamente contidas no saco da existência. Vide "Os Nagô e a Morte" (Santos, Juana Elbein, p. 61).

6. dos Santos, Juana Elbein, op. cit. p. 62.

grande pilar que une nosso mundo ao vazio do infinito. É neste local que deverás criar o Aiê, o mundo dos mortais.

Aqui está o saco da existência, dentro dele encontrarás o necessário para bem cumprires tua missão. Agora vá, reúne os Orixás Funfun e segue em frente.

Não te esqueças de suprir-te do necessário, e guarda-te de consumires qualquer tipo de bebida fermentada durante o teu trajeto!

Após receber das Divinas Mãos os atributos necessários à sua missão, Obatalá curvou-se, respeitosamente, enquanto dizia: "Sou muito grato a Meu Pai pela confiança em mim depositada. Farei com que suas ordens sejam cumpridas e, em breve, o novo mundo estará pronto para receber os seus habitantes!"

Obatalá retirou-se, seguido de todos os Orixás presentes à reunião, com exceção de Odudua, única representante do sexo feminino presente à assembléia.

– E eu, Babá mi?[7] – perguntou Odudua ao Grande Pai. – Que missão está reservada para mim neste evento? Ou será que o fato de ser mulher me desqualifica para coisa tão grandiosa?

– Vai-te daqui, Odudua. Não subestimes a minha sabedoria nem a tua importância! É claro que estás incluída nos meus planos. Agora, segue teu irmão e obedece suas ordens como se minhas fossem! Junta-te a Elegbará,[8] ele saberá de que forma ajudar-te. Do mesmo modo que ninguém pode fitar meu rosto, meus desígnios também não podem ser revelados a ninguém, nem a ti, minha filha dileta!

Comovida com as palavras do Pai, Odudua, deitando-se, beijou-lhe os pés, e murmurou agradecida:

– Adukpé ô, Babá-Mi! Mojubá ô![9]

---

7. Meu pai (Iorubá).

8. Elegbará é um dos nomes, títulos ou atributos de Exu, referente ao poder ilimitado que esta entidade possui.

9. Muito obrigada, meu Pai! Eu te presto reverências! (Iorubá).

Olodumarê

Obatalá, após retirar-se da reuniao, dirigiu-se incontinente à casa de Orumilá,[10] o Senhor da Sabedoria, com a finalidade de ali obter as orientações fornecidas pelo Oráculo de Ifá. Era de suma importância conhecer-se o Odu Ifá[11] e saber que tipo de vibração iria transcorrer na missão.

No interior da sala de adivinhação, Orumilá, vestido com panos brancos que lhe cobriam somente a parte de baixo da cintura, tendo na cabeça um filá[12] e no colo um longo fio de contas verdes e amarelas, sentou-se numa esteira estendida sobre o solo.

Colocando entre suas próprias pernas um tabuleiro redondo de madeira entalhada, espalhou em sua superfície um pouco de iyerofá, pó mágico destinado às consultas oraculares.[13]

Sobre a esteira, à sua direita, numa vasilha também de madeira entalhada, viam-se inúmeros ikins, caroços de dendezeiro consagrados e polidos pelo manuseio constante,[14] ao lado, além de inúmeros búzios, crânios secos de aves, pequenas pedras arredondadas, rabos-de-cavalos encastoados em forma de espanadores etc., além de um pequeno rosário, no

---

10. Dentro da teogonia nagô, Orumilá possui uma posição de grande destaque. Considerado o senhor do destino e detentor do saber transcendental, possui culto próprio e independente do culto aos Orixás.

11. Os Odus são os signos representativos do sistema oracular denominado Ifá, cujo patrono é Orumilá. É pela interpretação destes signos que os adivinhos comunicam-se com as entidades místicas.

12. Chapéu, boné ou qualquer tipo de indumentária para cobrir a cabeça.

13. O iyerofá é um pó de poderes mágicos resultante da mistura de diversos outros pós com a serragem fina obtida pela ação dos cupins numa madeira clara classificada como *Baphia nitida*.

14. Os caroços do fruto do dendezeiro, desprovidos de suas cernes, representam, depois de devidamente sacralizados, o próprio Orumilá. Alguns babalaôs só reconhecem esta qualidade nos caroços que apresentem quatro "olhos" em vez de três, o que é bastante raro.

qual, oito favas de tamanho e forma idênticos encontravam-se distribuídas, ligadas por uma corrente de prata, de forma eqüidistante.[15]

Após acender uma pequena lamparina de algodão alimentada por azeite-de-dendê, que foi colocada na frente e à esquerda de um tabuleiro de madeira, Orumilá retirou a tampa de uma pequena vasilha de barro cheia de água, e que estava colocada, de forma igual à lamparina, na frente do tabuleiro, só que do lado direito.

Em seguida, deu início a uma longa evocação, em idioma Iorubá, a língua dos Orixás. Enquanto fazia gestos ritualísticos, o Senhor do Segredo aspergia água, efetuando movimentos que estavam ligados ao procedimento divinatório que iria acessar.

— Ifá ji Ô! Ô Orumilá! — declamou, enquanto esfregava entre as mãos os 21 caroços polidos de dendê.

Bi olô lokô, ki o wá le o!
Bi olô odô, ki o wá le o!
Bi olô lode, ki o lá le o!

E, batendo com o pé esquerdo sobre a esteira, prosseguiu:
— Mo fi esé re te le bayí!

Depois, batendo com o pé direito, disse:

Mo fi esé re te orí ení bayí, mo gbe oká lorí ate Fá, ki o le gbe mi ká lorí ate Fá titi laí!

Dito isto, Orumilá depositou os ikins no centro do tabuleiro e, traçando um círculo no sentido anti-horário com os dedos médio e anular da mão direita, prosseguiu em sua evocação:

---

15. Os rosários opelé podem ser confeccionados com qualquer material, desde que as peças que os compõem possuam um lado côncavo e outro convexo, além de tamanho e peso idênticos. O material mais comumente usado pelos adivinhos africanos é uma semente denominada oko opelé. Em Cuba, o material mais usado para a confecção do rosário é composto de pedaços ovalados de cascas de coco.

— Mo ko le yi o ka, ki o le ko le yi mi ka, ki o le jeki omó yi mi ka, ki o le jeki owo yi mi ka!

Invertendo o movimento circular de sua mão, continuou:
— Mojuba ô! Mojuba ô!
Iba xé! Iba xé! Iba!

Neste momento, Orumilá mergulhou as pontas dos dedos da mão direita na água da quartinha e, depois, salpicando a água sobre a terra, saudou
— Ile mojuba! Iba xé!

Traçando sobre a esteira, com os mesmos dedos, uma linha imaginária que, partindo do seu próprio corpo, chegava até a borda do tabuleiro, Opanifá, recitou:
— Mo la onan fun o tororô, ki o le jeki owo to onan yi wá so do mi!

Orumilá mergulhou por mais duas vezes os dedos na água da quartinha. Na primeira, aspergindo a água sobre a terra disse:
— Mo xé ile bayi!

Na segunda vez, enquanto salpicava a água sobre a esteira na qual estava sentado, falou:
— Mo xé atê bayi!

Em seguida, o adivinho juntou, entre as mãos, os ikins que havia colocado dentro do opon e, enquanto os esfregava, ia rezando:
— A gun xé ô! A gun xé! Bi akokô gorí iguí a xé!
A gun xé ô! A gun xé! Bi agbe ji a ma xé!
A gun xé ô! A gun xé! Bi alukó ji a ma xé!
A gun xé ô! A gun xé! Elegbara, iba ô!
Ogun xé! Oxum a ma xé! Xangô ibá e ô ibá!
Obatalá a ma xé! Bogbo Oxá a ma xé!
Obá Ayé, ati Obá Orun, iba yin ô!
Ború, boiyá, boxexê, adukpé ô!

Em seguida, o adivinho contou os ikins, e dos 21, 16 foram selecionados para a consulta de Obatalá.[16]

---

16. A tradução desta evocação que, avisamos, está incompleta, encontra-se no final deste capítulo.

Nesse momento, pressentindo que a cerimônia de abertura do jogo já havia terminado, Obatalá pediu permissão para entrar no aposento sagrado.

– Agô Ilê! – [17] disse ele.

– Agô iyé![18] – respondeu Orumilá, permitindo o ingresso do Grande Orixá.

– Ború, boiye ô! Grande Adivinho! – saudou Obatalá.

– Boxexê ô![19] Senhor das Vestes Brancas! O que te traz diante de Ifá? – perguntou Orumilá.

– A vida me trouxe diante de Ifá! – respondeu Obatalá.

– Que vida? – quis saber Orumilá.

– A vida de que fui, por meu Pai, encarregado de criar em outro plano de existência! – explicou Obatalá.

– O Oráculo não se equivoca! Vejamos quais são os aconselhamentos de Ifá para tua grande missão, qual o Odu que regerá teus trabalhos e quais são as tuas determinações! – finalizou Orumilá.

A sala era simples, e suas paredes formavam um grande círculo, no centro do qual uma haste de ferro, encimada por um pássaro do mesmo metal pousado sobre uma pequena bandeja, de cujas bordas pendiam pequenas sinetas, encontrava-se firmemente fincada ao solo.[20]

No fundo, bem em frente à porta de entrada, uma grande esteira de palha trançada servia ao mesmo tempo de tapete e de assento para o adivinho e seu cliente.

---

17. Me dá licença?

18. Licença concedida!

19. É desta forma que os adeptos do culto de Orumilá saúdam-se mutuamente. A mesma saudação é utilizada em relação ao próprio Orumilá, um tanto quanto modificada.

20. O instrumento acima descrito representa uma entidade mítica indispensável à segurança do sacerdote. Alguns babalaôs possuem diversos deste bastões que, em Cuba, são denominados Osu e tidos como entidades espirituais (Orixás). Na verdade, os Osu, servem de elemento de ligação entre os dois planos da existência, e representam muito mais os ancestrais do culto de Orumilá, do que propriamente uma entidade de hierarquia mais elevada como é o caso de um Orixá.

O início de tudo / 21

Encostadas à parede, em toda a volta, 16 pequenas tigelas de barro, pintadas com cores diferentes, serviam de morada aos 16 gênios do Oráculo de Ifá, os Odu-Meji, que determinavam o destino e os caminhos de todos os seres vivos.

Somente Orumilá, o Grande Babalaô, Pai que Possui o Segredo, conhecia o mistério ali contido e que lhe foi confiado por Olórun nos primórdios de sua existência.

Obatalá, convidado pelo Oluô,[21] sentou-se na esteira, em frente ao tabuleiro divinatório.

Repondo os ikins dentro do recipiente de onde haviam sido retirados, Orumilá pegou o rosário opelé e, segurando-o pelo meio, bateu suavemente com suas pontas sobre a esteira, por três vezes, lançando-o em seguida ao lado de sua perna direita, enquanto dizia em voz alta:

"Oxá ré ô!"[22]

Sem hesitar, o adivinho marcou com a ponta do dedo médio da mão direita, sobre o pó espalhado na superfície do tabuleiro, duas colunas de quatro traços verticais superpostos, começando da direita para a esquerda, formando desse modo duas colunas, simultaneamente.[23]

Marcado o signo sobre o opon, Orumilá, pegando uma espécie de sineta entalhada em marfim,[24] usou-a para golpear

---

21. O termo Oluô (OLU - Aquele que possui + WO de AWO - segredo) tem o mesmo significado de BABALAÔ (Pai que possui ou que conhece os segredos) sendo ambos títulos dos sacerdotes do culto de Orumilá.

22. Esta evocação é repetida sempre que o adivinho faz um lançamento, qualquer que seja o processo que esteja utilizando. É uma forma de, simultaneamente, pedir a proteção e a assistência dos Orixás.

23. Tudo em Ifá é escrito e lido da direita para esquerda, o que levou Maupoil a concluir que este sistema é originário de um outro sistema divinatório praticado pelos povos árabes, a Geomancia Árabe. (Maupoil, Bernard. *La Geomancie à l'Ancienne Cote des Eclaves*).

24. Este instrumento é chamado Irofá e serve para "segurar" no tabuleiro o Odu ali marcado. Outras referências sobre o tema serão feitas no corpo do texto.

a borda do tabuleiro, enquanto fazia a saudação do Odu que se havia apresentado como responsável pela missão: Ejiogbe.[25]

– Hekpa Babá![26] O Oráculo não se apresenta com bons augúrios. Para que a missão seja coroada de êxito e todos os objetivos, atingidos em sua plenitude, é necessário que seja oferecido um sacrifício a Exu-Elegbará. Cinco galinhas d'angola, cinco pombos, um camaleão e uma corrente com 2 mil elos deverão ser oferecidos a ele. Além disso, 200 caracóis igbin deverão ser sacrificados aos pés de Olórun. Só assim tua missão conhecerá o êxito! – disse Orumilá.

– Como? – bradou Obatalá indignado – Eu, o maior de todos os Orixás, o mais poderoso, senhor da vida e da morte, tão importante que a mim foi confiada a criação da Terra e dos seres que nela habitarão, devo oferecer sacrifícios a Exu para poder realizar o que desejo?

Se assim agisse, se concordasse em oferecer a Exu ainda que fosse um simples ovo de galinha, com certeza estaria renunciando à minha posição de comando sobre os Orixás e outorgando a ele, Exu-Elegbará, direitos que a mim pertencem e dos quais não abrirei mão!

Se Exu quer comer, que me acompanhe em minha missão, que colabore da maneira que lhe for determinada por mim e, então, e somente assim, me disporei a recompensá-lo! – concluiu Obatalá.

– Ifá não se equivoca, nem pode ser corrompido. O sacrifício foi determinado. Cabe a ti, Poderoso Senhor, cumpri-lo ou negligenciá-lo. A escolha é tua, como tua é a responsabilidade pelo que vier a ocorrer de bom ou de mal. Assim disse Ifá! – falou Orumilá.

Levantando-se, Obatalá retirou de sua bolsa alguns cauris,[27] que entregou ao babalaô como forma de pagamento e, sem

---

25. Ejiogbe é o 1º dos signos Odus do sistema divinatório de Ifá. Está ligado à vida, à luz e à existência material. É o caminho preferencial do Orixá Obatalá.

26. Saudação que se faz a Obatalá. Representa um misto de respeito e de temor.

27. Os cauris ou búzios foram a primeira moeda utilizada pelos povos africanos.

dizer uma só palavra, retirou-se apressadamente, tomando a direção do pátio, onde os Orixás o aguardavam.

Em um amplo terraço bem calçado com pedras lisas e brancas, organizava-se a expedição.

Ali estavam reunidos, entre outros, Oluorogbo, Olufan, Eteko, Oguiyan, Oluofin e a própria Odudua.[28]

Oguiyan, Orixá guerreiro e impetuoso, dava ordens, conferia os suprimentos e mostrava-se empolgado como poucos com a grande aventura que os aguardava.

Em sua cabeça inteiramente raspada, uma espécie de cocar de longos pêlos brancos de cabra, que se esparramavam sobre suas costas e ombros, emprestava-lhe um aspecto terrível, agravado pelas pinturas brancas espalhadas por todo o seu corpo, cuidadosamente feitas com efun, o giz branco recolhido do fundo do rio.[29]

Sobre o peito, diversos colares de marfim intercalados de contas azul-celeste,[30] em forma de tubos, transparentes como o vidro, davam-lhe imponência e majestade. Na mão direita, uma grande espada de prata com cabo de marfim esculpido. Na esquerda, um almofariz, também de marfim, com o qual pilava o inhame, seu alimento favorito.

— Aviem-se! — gritava excitado — Ejiogbe, o Odu da Vida, é o signo sob cuja égide estaremos doravante. É necessário, então, que usemos tão-somente roupas brancas, imaculadamente brancas!

---

28. dos Santos, Juana Elbein. *Op. cit.*, pág. 62.

29. O sangue branco mineral, representado pelo giz e pelo chumbo, é um dos atributos de Obatalá, assim como de todos os Orixás Funfun, (dos Santos, Juana Elbein. *Op. cit.*, pág. 75).

30. As contas azuis, segui, são intercaladas com contas brancas nos colares usados pelos sacerdotes e filhos de Oxaguiãn. Possuem um significado muito profundo que diz respeito a uma homenagem ao Odu Oyeku Meji, cuja cor é o negro. O azul do segui é neste caso, uma representação do negro, de forma diluída.

Exu

Obatalá tomou a dianteira, protegido por um grande pano branco, conduzido por quatro escravos albinos,[31] e todos o seguiram formando uma imensa fila.

O caminho que separava o Orun do local onde deveria ser criada a Terra era longo, coberto de areia, e não se manifestava nele qualquer forma de vida.

Jamais havia sido explorado por qualquer dos Orixás Funfun, embora já fosse conhecido por alguns Eboras, Orixás de categoria inferior dentro da rígida hierarquia reinante, principalmente por Ogun, o Ferreiro do Orun, artesão metalúrgico em cujas oficinas eram forjados todos os utensílios metálicos então utilizados, principalmente as ferramentas usadas pelo Orixá Oko[32] em seus trabalhos na lavoura.

Apesar do empenho de Oguiyan, e em decorrência de sua inexperiência, a água que os Orixás levavam em suas cabaças era insuficiente para supri-las até o final da caminhada, e o Sol, inclemente, provocava-lhes sede, o que fazia com que o consumo do precioso líquido aumentasse significativamente.

Pela primeira vez os Orixás experimentaram o desconforto da sede e do calor. As areias escaldantes queimavam seus pés e o suor empapava suas vestimentas brancas, colando-as aos seus corpos e aumentando ainda mais suas dificuldades.

Nada havia além da areia que se perdia no horizonte, fundindo-se ali à abóbada cor de laranja, onde o Sol, uma imensa bola vermelha, dardejava fogo incessantemente.

Em poucos dias, todo o estoque de água se esgotou por completo. Acostumados que estavam ao conforto e à fartura do palácio de Olórun, os Orixás foram ficando para trás, retornando às suas casas, desistindo da missão sem maiores explicações.

---

31. Todos os albinos, por serem desprovidos de pigmentação, são consagrados a Obatalá e a de pertencem.

32. Orixá protetor da lavoura e de outras atividades rurais. Seu culto, no Brasil, desapareceu por completo.

Obatalá, no entanto, seguia em frente, dando provas de seu valor e preocupado apenas em levar a termo a importante missão que lhe fora confiada por seu Pai. Alguns poucos, persistentes como ele, ainda o seguiam.

Mas a sede e o calor tornaram-se insuportáveis...

– Já está na hora de agir – dizia para si mesmo Exu, que de longe observava a caravana.

Acostumado com longas caminhadas, cabeça protegida por um gorro de couro em forma de cone recurvado, cuja ponta, envergada para a frente, dava-lhe uma aparência um tanto o quanto cômica, Exu seguia de longe a malfadada expedição.

Um saiote curto, de tecido leve, nas cores preta e vermelha cobria-lhe as pernas até a altura dos joelhos; no tronco, um pano preto, com uma das pontas amarrada na cintura e a outra no ombro direito, deixava aparecer o ombro esquerdo, onde ele apoiava seu cajado de madeira entalhada, o ogó. Era este instrumento que lhe dava o poder da bilocação, ou o de transportar-se, em fração de segundos, para os locais que desejasse visitar, por mais remotos que fossem.

Amarradas ao ogó, inúmeras cabacinhas, de cores diferentes, contendo pós mágicos, presas por tiras de couro adornadas de búzios, balançavam com seu andar desengonçado.

Na cintura, uma faixa vermelha também adornada de búzios completava sua indumentária.

Pegando o ogó e girando-o sobre a própria cabeça, fez-se envolver num redemoinho que o transportou um pouco adiante de onde Obatalá se encontrava Então retirou um pó de uma das inúmeras cabacinhas de que dispunha e despejou-o sobre o solo, de onde surgiu uma palmeira, igui opé[33], que rapidamente atingiu certa altura, e cujas frondosas palmas puderam ser avistadas por Obatalá, de onde se encontrava.

---

33. Qualidade de dendezeiro.

Ao divisar a palmeira, o Grande Orixá rumou imediatamente em sua direção, na certeza de que, no local onde um vegetal crescera de forma tão exuberante, por certo haveria água.

Depois de caminhar algumas horas, Obatalá, já sem forças, chegou junto à palmeira, e grande foi a sua decepção ao constatar a falta de água nos arredores. Desesperado, sem raciocinar, cravou seu cajado no tronco do vegetal e, recolhendo numa cabaça a seiva que dali escorria, bebeu com sofreguidão, até sentir-se plenamente saciado.

Ora, o líquido extraído da palmeira possui grande teor alcoólico e, em pouco tempo, completamente embriagado, o Primogênito de Olórun caiu no mais profundo sono. Obatalá, ao beber o sumo fermentado da palmeira, rompera a principal interdição imposta por seu Pai: – Guarda-te de consumir qualquer tipo de bebida fermentada...[34]

Um a um, os poucos Orixás que ainda o seguiam foram chegando e, vendo seu líder completamente embriagado, tentaram inutilmente acordá-lo, mas, percebendo que isto era impossível, regressaram ao Orun sem ele, certos de que a missão fracassara.

Ao lado de Obatalá ficou caído o precioso saco da existência – o apo-iwá...

Depois de certificar-se de que todos já haviam ido embora, Exu, aproximando-se sorrateiramente, recolheu o saco e, atirando-o às costas, retornou satisfeito ao Orun.

Parte do seu plano estava cumprido. Afinal de contas, não era ele o encarregado, por Olórun, o Senhor de Todas as Coisas, de castigar a qualquer um que negligenciasse os sacrifícios determinados por Ifá? Sendo assim, sua obrigação estava cumprida. Nem mesmo Obatalá, o filho preferido de Deus, tinha direito a desobedecer a Lei!

---

34. Da seiva da palmeira produz-se, ainda hoje, uma bebida fermentada denominada "emu", que possui grande teor alcoólico. Esta bebida é largamente consumida em território nigeriano. O consumo da mesma é a maior interdição imposta aos filhos de Obatalá.

— Pai — choramingava Odudua aos pés de Olórun — meu irmão perdeu-se no caminho para o Ayé. Impetuoso como ele só, adiantou-se da caravana e, sem ter quem nos guiasse, fomos obrigados a voltar. Além disso, a água que levamos era insuficiente para que pudéssemos prosseguir...

— Agô, Babá mi![35] — era Exu que, com grande espalhafato, entrava trazendo nas mãos o saco confiado a Obatalá.

— Que notícias traz meu mensageiro? — perguntou Olórun — Onde está meu primogênito, e que fazes com o saco da existência que a ele entreguei?

— As notícias que trago por certo não farão a alegria de meu Pai, e tremo só de pensar em cair no seu desagrado! — respondeu Exu.

— Fala logo, Exu! Quando te criei, coloquei em ti a ambigüidade de caráter, a incoerência de atitudes e o poder absurdo de punir ou premiar sem o menor senso de justiça!

Fala, meu mensageiro. Nada do que digas poderá surpreender-me, pois tudo sei do que aconteceu e do que virá a acontecer. Tudo faz parte dos meus planos, e nada acontece, em todo o Universo, sem a minha permissão.

O bem e o mal necessitam-se mutuamente para que possam existir, da mesma forma que a luz não pode ser percebida se não existirem as trevas. Esta é a regra da criação. Todas as coisas que aparentemente se opõem, na verdade se complementam. Se completam e se integram para que o Plano se manifeste!

Fala, então, sem medo, pois tua palavra, como tua ação, nada mais é do que a confirmação e a realização do que está por mim determinado desde sempre.

Por acaso não te outorguei o título de Elegbara, que significa Aquele que Possui Poder Ilimitado? Fala logo, Exu, que notícias trazes de meu filho Obatalá? — disse Olórun.

— Como meu Pai sabe, e segundo a Lei, nada se faz sem antes consultar Orumilá, o Senhor do Oráculo de Ifá.

---

35. Com licença, meu pai!

De acordo com esta Lei, antes de partir, Obatalá consultou Ifá e, na consulta, surgiu Ejiogbe, o primeiro dos 16 Odus, que, depois de invocado sobre o opon, determinou que tipo de sacrifício propiciatório deveria ser oferecido por teu filho, para que sua missão chegasse a bom termo.

Obatalá, no entanto, impetuoso e consciente de seu poder, negligenciou o ebó[36] e, garantindo-se no seu Axé,[37] partiu sem nada fazer! Nem ao menos um banhozinho de ervas, meu Pai! – respondeu Exu.

– Aquele tolo prepotente! – comentou Odudua.

– Cala-te, minha filha! Bem sei de tudo o que tramastes com Exu para que a missão de teu irmão malograsse!

Prossegue Exu, quero ouvir tudo de tua própria boca! – continuou Olórun.

– Pois é, Babá mi, sem ebó... sabe como é... De repente a água das cabaças acabou e no caminho escolhido todos os mananciais secaram. Mas o Sol foi o grande culpado! Brilhou com tal intensidade, com tanto calor, que ninguém podia resistir sem um pouquinho de água, e, assim, todos os Funfun foram ficando para trás, desistindo, voltando para o conforto do Orun. Não por que não quisessem prosseguir, mas porque não tinham forças para fazê-lo.

Mas Obatalá mostrou-se muito valioso! Cheguei a temer que conseguisse... isto é, cheguei a temer que desistisse! – falou Exu.

– Fala logo, sem mais rodeios. O que aconteceu com meu filho? – perguntou Olórun.

– Bem, não sei de que forma miraculosa uma palmeira havia crescido no meio de coisa alguma, sem água, sem terra fértil, um verdadeiro portento!... Aí, Obatalá, coitadinho, torturado pela sede, furou com a haste do seu cajado o tronco da palmeira igui opé e bebeu da sua seiva. Bebeu tanto, mas tanto, que caiu

---

36. Sacrifício, oferenda.
37. Força, poder transcendental.

no mais profundo sono. Tão embriagado, Pai, que tão cedo não poderá acordar. Preocupado com o ocorrido, depois de em vão tentar despertá-lo, recolhi o saco da existência e o trouxe para que faças com ele aquilo que for do teu agrado – concluiu Exu. A espessa franja de pérolas que cobria o rosto do Grande Deus, que não podia ser visto por ninguém, escondia a expressão divertida causada pela narrativa de Exu.

Olórun sabia de tudo o que acontecera. Tudo fazia parte dos seus planos, nos quais seus filhos, sem saber, eram simples executores, por isso a encenação de Exu muito o divertia. Tinha um especial carinho por aquele Orixá, que provera de espírito moleque e zombeteiro, de inteligência e de astúcia superiores a de qualquer outro Orixá, além de ter a missão de funcionar como o agente mágico universal, o grande transformador, responsável pelos diferentes aspectos e formas assumidos pela matéria. Concedera-lhe ainda o poder ilimitado de se multiplicar em miríades de Exus, sendo todos, ele mesmo. Nada viveria, nada teria forma, segundo seus planos, sem possuir seu próprio Exu, individualizado, mas parte integrante do Exu principal, Agba-Exu.[38] E, por este motivo, concedera-lhe também o título de Ijelu, associando-o ao Okotó, caramujo cônico formado por espirais que se desenrolam infinitamente.

Dentre os inúmeros poderes conferidos a Exu, Olórun permitiu que este se desdobrasse em 1.201 unidades, podendo, sempre que quisesse, acrescentar a este número mais uma unidade, o que eleva ao infinito a possibilidade de desdobramento de Exu. E ai está contido o mistério de sua associação ao número 1.[39]

– Odudua – disse Olórun com suavidade, dirigindo-se à princesa, prepara-te, pois a ti confiarei a missão que Obatalá não conseguiu levar a termo.

Reúne teu povo e parte, o mais rapidamente possível, em direção ao Oceano do Não Ser, onde deve ser criada a Terra.

---

38. Exu ancestral, o mais velho.

39. Ver dos Santos, Juana Elbein. *Op. cit.*, pág. 105 e segs.

O início de tudo / 31

Leva contigo o saco da existência e procede de acordo com as orientações que, na tua presença, dei a Obatalá – ordenou.

Erguendo-se e fazendo uma profunda reverência, Odudua falou comovida:

– Adukpé ô, Olodumarê! Agirei de acordo com tua vontade, e nada será capaz de me fazer falhar na missão que agora me confias! Antes, porém, peço que me permitas consultar o Oráculo para saber sob a égide de qual Odu estarei durante minha trajetória.

– Não precisas de minha permissão para consultar Orumilá, o babalaô, pois esta é a minha lei. Agora parte com as minhas bênçãos! – exclama Olórun.

– Vem comigo, Exu, preciso de tua ajuda, pois bem sei que sem ela nada se faz. Convoca todos os Eboras para seguir ao meu lado, pois sem eles não serei capaz de levar a bom termo a minha tarefa. Agô, Senhor do Universo. Preciso partir – conclui Odudua.

De costas para a saída, Exu e Odudua, de mãos dadas, retiraram-se, persignando-se respeitosamente.

Ansiosa, Odudua dirigiu-se ao pátio do palácio, onde Ogun e Oxóssi[40] aguardavam suas ordens.

– Agora vou consultar Ifá. Enquanto isso, reúnam todos os Eboras para nos auxiliar em nossa missão. Precisaremos da colaboração de todos, e não posso dar-me ao luxo de dispensar qualquer tipo de ajuda. Desta forma, se algum dos Funfun quiser participar, digam-lhe que será bem-vindo ao nosso grupo! – conclui a princesa.

E, com determinação, Odudua saiu ao encontro de Orumilá, o adivinho. Precisava de suas orientações. Não se atreveria, como seu irmão, a seguir viagem sem antes oferecer os sacrifícios determinados pelo oráculo.

Já no interior do Igboduifá,[41] a casa de Ifá, Orumilá, depois dos procedimentos de praxe, lançou o opelé para Odudua.

---

40. Respectivamente, Orixás da Guerra e da Caça.
41. Local de culto a Orumilá.

Duas colunas de sinais duplos foram marcadas na superfície do Opon, e o sacerdote exclamou em voz alta:

"Mi kan Oyeku Meji!"[42]

Pegando seu instrumento de marfim, o irofá, Orumilá fez a saudação do Odu Oyeku Meji,[43] que se apresentara como responsável pela consulta e por toda a missão.

Terminada a reza em Iorubá, Orumilá lançou por duas vezes consecutivas o Opelé e, depois de fazer novas marcas sobre o tabuleiro, bradou exultante:

– Ire Ô![44] Princesa, apesar de prenunciar vitória, o caminho que te conduz é o mesmo percorrido por Iku, a morte.

Irás criar um mundo composto de matéria perecível onde, um dia, criaturas semelhantes a nós e ao nosso Grande Pai irão habitar, em corpos materiais, feitos da mesma essência daquele mundo.

A Iku[45] caberá a missão de devolver à Terra os seus corpos, após retirar deles o Espírito, que pertence ao nosso Pai Olodumarê, aquele cujo rosto não pode ser fitado por ninguém e cuja origem reside nele mesmo.

É necessário que, a partir de hoje, passes a usar roupas inteiramente negras, pois esta é a cor do Odu que te dará caminho.

Criarás e reinarás sobre a Terra sob a influência de Oyeku Meji, Odu que representa a saturação da matéria em sua densidade absoluta, o que induz à busca do retorno à espiritualidade, mudança inexorável que só pode ser obtida pela morte! – concluiu Orumilá.

Assustada, Odudua balbuciou:

---

42. "Eu encontrei Oyeku Meji"! (Fon).

43. Oyeku Meji é o segundo Odu no sistema de Ifá. Está ligado à morte, à noite, às trevas e ao ponto cardeal Oeste. É a contraparte ou a complementação do 1º signo Ejiogbe.

44. Abençoado seja!

45. Iku, a morte é, para os nagôs, um Orixá do sexo masculino.

— Como, Grande Olhador, sendo eu uma rainha, terei que submeter meu reino aos caprichos de Iku, pai da tristeza e do pranto? – perguntou Odudua.

— Esta é a determinação de Olórun, somente agora revelada por Ifá. Iku é o Orixá mais fiel dentre tantos que habitam o Orun. É o único dentre nós que jamais deixará de cumprir integralmente sua missão, sem se deixar corromper encontrando os seres vivos onde quer que se escondam, sem distinguir ricos de pobres, fortes de fracos, homens de mulheres. Todos aqueles que viverem materialmente, um dia serão *montados* por ele, da mesma forma que um cavaleiro monta em seu cavalo. É o único Orixá que um dia tomará a cabeça de todos os seres humanos, sem querer saber qual é a sua religião ou sua condição social. E não te espantes quando, no futuro, vires alguns homens ansiarem pela chegada de Iku, certos de que somente ele poderá aliviá-los de suas mazelas e dos sofrimentos impostos pelo encarceramento do espírito na matéria. E, embora tenham a certeza de que somente Iku poderá reconduzi-los ao Orun, onde desfrutarão dos benefícios de Nosso Pai, não terão o direito de invocá-lo para praticar o suicídio ou o assassinato de seus semelhantes.

Aqueles que agirem desta forma estarão condenados a vagarem como espectros, sem descanso, no mundo das trevas. Assim disse Ifá! Para que tua missão chegue a bom termo, deves oferecer à Elegbara um sacrifício composto de cinco galinhas d'angola, cinco pombos, um camaleão e uma corrente com 2 mil elos. Além disso, 200 caracóis igbin[46] deverão ser sacrificados aos pés de Olórun.

— Assim farei, Poderoso Adivinho! Aqui estão os 16 cauris com os quais pago a consulta, pois bem sei que, todo aquele que provoca o ruído feito pela corrente de opelé, tem que pagar por isso.

Levantando-se, depois de colocar os búzios sobre a esteira, Odudua curvou-se respeitosamente diante de Orumilá, dizendo:

— Boru, Boiye ô!

---

46. Os caracóis igbin são o sacrifício por excelência dos Orixás Funfun.

— Boxexê ô!, segue em paz em busca do teu destino! — exclamou Orumilá.

Imediatamente, a jovem princesa providenciou seu ebó. Primeiro, ofereceu a Exu as cinco galinhas d'angola, os cinco pombos, o camaleão e a corrente de 2 mil elos que Ogun forjara pessoalmente para ela.

Exu devolveu-lhe, então, uma galinha, um pombo, o camaleão e a corrente, da qual retirou um elo que, colocando no próprio braço, passou a usar como adorno.

— Quando chegarmos à metade do caminho, solta com vida estes animais, eles te serão de grande valia. A corrente leva contigo, pois também te será útil no momento certo — falou Exu.

Em seguida, Odudua, após banhar-se com o sumo de ervas frescas, dirigiu-se ao palácio de seu Pai, que a repreendeu por não haver ainda partido.

— Como? Ainda não seguiste para realizar a missão que te confiei? — disse ele.

— Perdão, meu Pai! Não poderia partir sem antes oferecer os sacrifícios propiciatórios determinados por Ifá. Aqui estão os 200 igbins que me foi ordenado oferecer-te, espero que os aceite e que esta oferenda possa tornar meus objetivos propícios — explicou Odudua.

Recebendo a oferenda, Olórun devolveu um dos caracóis à sua filha e, abrindo a almofada apéré-odu, em que sempre está sentado, para em seu interior depositar os igbins, notou que não havia colocado, no saco da existência, uma pequena cabaça contendo terra, que imediatamente entregou a Odudua.

No pátio, os Orixás, interrompendo suas atividades, não queriam acreditar no que viam. Odudua, vestida inteiramente de negro, e com vestes masculinas!...

— Ogun, Senhor da Guerra e dos Caminhos, tu seguirás na frente indicando a direção que devemos tomar. Sob tua orientação chegaremos mais rapidamente ao local determinado por meu Pai nos limites do Orun, onde fundaremos Aiê, o mundo material — disse ela.

— Teus desejos são para mim como ordens de Olórun. Seguirei à frente de nossa gente e providenciarei para que nenhum obstáculo possa interromper nossa jornada. A teu serviço coloco a espada que forjei, com minhas próprias mãos, especialmente para esta missão – disse Ogun.

– E tu, Ossâim, já estás pronto para a viagem? Onde está Aroni, o anão desprovido de uma das pernas que sempre te acompanha e que te serve de escudeiro?[47] – perguntou Odudua.

– Estou pronto, Iyá Male![48] Aroni recolhe, neste momento, as sementes das plantas que espalharei sobre a Terra que irás criar, e que irão fornecer alimentos e medicamentos às espécies que ali viverão. Apenas me reservarei o direito de manter comigo o segredo da utilização litúrgica destas plantas porque mais tarde irei transmiti-lo a uns poucos escolhidos, nos quais eu tiver inteira confiança – falou Ossâim.

– E tu, Oxóssi, Senhor da Caça, já preparaste nosso suprimento? Lembra-te de que serás o encarregado de providenciar alimentos com fartura, não só para nós, como também, e principalmente, para os seres que habitarão o novo mundo – lembrou Odudua.

– Eu te saúdo, Odudua, Senhora da Vida e da Morte, Grande Ventre do Universo! Os suprimentos já foram providenciados e nada nos faltará, como nada faltará aos homens que souberem seguir as regras da natureza, respeitando-a e resguardando-a da destruição que eles mesmos farão surgir sobre a Terra – disse Oxóssi.

– Então vamos! Ogun, dá a ordem de partida! – exclamou Odudua.

Erguendo sua espada, Ogun ordenou que, em nome de Olórun, todos o seguissem ordenadamente e, assim, a expedição partiu rumo ao desconhecido.

---

47. Aroni, o companheiro inseparável de Ossâim é chamado de Aguê, termo que em Iorubá significa perneta. Apresenta características muito semelhantes ao saci-pererê do folclore brasileiro. Como ele, além de possuir uma única perna, fuma constantemente um cachimbo de casco de caracol, além de ser, também, um espírito da floresta. O termo aguê, portanto, faz referência a Aroni e não a Ossâim como muitos afirmam.

48. Mãe dos Orixás. Corruptela de Iyá Imólé. Com este nome Odudua é invocada nos cultos em sua honra realizados em Ilê Ifé.

Encarapitado no alto de um toco de árvore, Exu, divertido, a tudo assistia...

– O que achas de tudo isto? – perguntou Orumilá que, sem ser percebido, aproximara-se de Exu.

– O que acho? Não acho nada! Tenho é certeza de que acabou o nosso sossego e a nossa boa vida. A partir de agora, só trabalho, trabalho e mais trabalho! – constatou Exu.

– Existe uma coisa, Exu, que não ousei revelar a Odudua durante a sua consulta. Uma coisa que talvez fizesse com que ela desistisse de seus planos, preferindo ficar aqui no Orun, no conforto em que sempre viveu... – disse Orumilá.

– E que coisa tão grave é esta? – interrompeu Exu. – Será que sou suficientemente confiável para saber?

– Claro que és, caso contrário eu não teria tocado no assunto. Na consulta de Odudua, após haver encontrado Oyeku Meji, lancei por duas vezes meu opelé, e dois Odus vieram à minha presença portando diferentes mensagens, que complementavam o recado de Oyeku.

Primeiro surgiu Odi Meji[49] avisando que, para que a vida possa surgir no novo mundo, os Orixás deverão abdicar, talvez para sempre, do privilégio de viverem no Orun.

No início, viverão da forma espiritual em que agora vivem, mas, com o tempo, em contato permanente com a matéria grosseira que irão criar, deverão, também, possuir um corpo desta mesma matéria, sujeitando-se então a todas as necessidades impostas por ela. E, presos a corpos materiais, não haverá meios de regressarem ao Orun.

Na outra jogada do opelé, encontrei Iwori Meji,[50] Odu que fala dos caminhos da espiritualidade e que determina a li-

---

49. Odi Meji é o quarto Odu no sistema de Ifá. Representa, de certa forma, o domínio da matéria sobre o espírito e o conseqüente aprisionamento deste por aquela.

50. Iwori Meji é o terceiro Odu no sistema de Ifá. Representa o aspecto de reintegração do espírito ao plano de existência puramente espiritual. Junto com Ogbe, Oyeku e Odi, representa os quatro principais Odus de Ifá, estando todos relacionados aos quatro pontos cardeais: Ogbe o Este; Oyeku o Oeste; Odi o Norte e Iwori o Sul.

beração do espírito do jugo da matéria. Este Odu estabelece uma ligação entre o Orun e o Aiê, significa literalmente *cortar a cabeça*, o que pressupõe o rompimento dos liames do espírito com seu corpo material, ou, melhor dizendo, com os corpos que irão compor um ser humano, que serão em número de quatro, incluído aí a forma espiritual, partícula desprendida de Nosso Pai e que será conhecida como Ipori.

Somente Ipori, por ser divino, será imortal. Os outros corpos – Emi, o sopro de vida, Ará, a forma material densa, e Ojiji, a forma telúrica, guardião criado pela própria Terra e encarregado de devolver a ela a matéria emprestada para a confecção do Ará – serão submetidos à ação de Iku, a Morte.

Mas Ipori, uma vez liberado de seus corpos, deverá regressar ao Aiê, tantas vezes quantas se fizerem necessárias, para que o processo de evolução seja completo. Alguns deles, depois de muitas passagens por diferentes corpos, se revoltarão e, reunidos mas impotentes para evitarem seus próprios renascimentos, formarão um grupo denominado Egbe Orun Abiku, nascerão e provocarão a própria morte, de forma precoce, causando luto, dor e sofrimento às famílias às quais venham a pertencer. Estes espíritos se auto denominarão Abikus – os Nascidos Para Morrer.

Um culto será revelado aos homens pelo meu Oráculo, ensinando-os de que forma, por meio de uma complexa liturgia, poderão evitar a ação maléfica destas crianças malditas que, por intermédio de um pacto, concordarão em viver o período de vida normal dos seres humanos.

– Se é assim, Oluô, nós, Orixás, uma vez assumindo o corpo material, também estaremos sujeitos a morrer? – perguntou Exu.

– Para que morramos, sequer é necessário que tenhamos uma forma material. Os deuses, com exceção de Olórun, estarão passíveis da morte, assim que a raça humana aflorar em toda a plenitude de sua inteligência. Os humanos terão o poder de decisão sobre nossos destinos. A eles caberá o direito de decidir se continuaremos vivendo ou se devemos morrer – disse Orumilá.

— Mas como, Orumilá? De que forma poderão eles determinar a nossa morte? — perguntou mais uma vez Exu.

— A partir da criação destes seres, cada um de nós deverá estabelecer entre eles o seu próprio culto, determinando a liturgia, as regras de procedimento, enfim, tudo aquilo que é inerente aos nossos atributos individuais. Os humanos, querido amigo, se multiplicarão e se espalharão sobre a Terra. Os grupos, uma vez separados e distanciados, perderão o contato entre si, esquecerão sua origem comum e, adaptando-se ao ambiente em que vivem, criarão culturas diferentes, falarão línguas diferentes e promoverão guerras entre si, olvidando que são irmãos, filhos de um Deus Único e Absoluto, Olodumarê, Olórun ou Olôfin, não importando que nome eles lhe dêem.

Em cada cultura seremos cultuados sob nomes diferentes, e em diversas formas ritualísticas. Aqueles, dentre nós, cujos cultos se extinguirem, estarão condenados à morte pelo esquecimento do homem, o senhor da criação. Em outras palavras, o culto dos homens, suas oferendas e preces, representarão o nosso alimento, a nossa possibilidade de sobrevivência — explicou Orumilá.

— Quer dizer, então... — começou a falar Exu.

— Quer dizer que os deuses morrerão quando seus cultos deixarem de existir; quando os homens, abandonando-os, se esquecerem de que eles existem, que são forças vivas, dotadas de poder e de axé. Depois que o homem, adquirir por meio da sebedoria todo o poder que lhe está reservado, e compreender que Olórun vive nele e que para o adorar basta interiorizar o culto. Que o verdadeiro templo de Deus é seu próprio corpo. Que respeitar a si mesmo e aos seus semelhantes como manifestação material de Deus e síntese de toda a natureza é praticar a verdadeira religião, aí nós, Orixás, Eboras, Anjos, Arcanjos, Devas, Pitris, ou qualquer que seja o nome pelo qual nos venham a conhecer, morreremos e retornaremos ao Orun para usufruir dos seus prazeres — continuou Orumilá.

— É, Grande Senhor do Segredo, mas enquanto esse momento não chega, tratarei de estabelecer meu culto entre os homens, e podes crer que me divertirei muito à custa deles e de sua ignorância — comentou Exu.

— Trata disto com seriedade, Exu. Bem sabes da tua importância dentro do sistema, e seja qual for o culto, a qualquer que seja o Orixá, estarás também sendo cultuado de forma muito especial. Nenhum procedimento religioso será aceito sem que tu sejas homenageado em primeiro lugar.

Tu, com certeza, serás o último de nós a sucumbir diante de Iku, pois, a partir do momento em que isso ocorrer, tudo no Universo se desintegrará. As formas materiais deixarão de existir e o vazio absoluto tomará conta de todos os espaços.

Tu, Exu, és a energia que reúne os átomos, possibilitando a diferenciação da matéria e, por este motivo, todas as coisas e todos os seres vivos possuirão uma parte de ti, e, para tanto, deverás multiplicar-te infinitamente, sem perder a qualidade e o poder de tua essência primordial, por isto teu nome — Exu — significa *esfera* — explicou Orumilá.

— O que me dizes, Mestre dos Sábios, me assusta e ao mesmo tempo me envaidece. Não gostaria, apesar de tudo, de ser obrigado a modificar meu caráter ou ter que abandonar o meu jeito brincalhão de encarar os acontecimentos, por mais sérios que sejam — falou Exu.

— Como poderias deixar de ser como és, se esta é a vontade de Olórun? É aí que reside o teu poder. Sentimento algum irá, jamais, alterar a tua conduta ou a tua maneira de ser. Por este motivo deverás funcionar como árbitro, policial, carrasco e dispensador. Serás o prêmio ou o castigo, não só dos seres materiais, como também das entidades espirituais, todos, com exceção de Nosso Pai, serão submetidos à tua ação. Serás visto por muitos como um espírito rebelde, que contesta o poder de Olodumarê e, em muitos casos, servirás de arma do homem contra ele próprio, que, associando-te ao mal, tirará partido da ignorância de seus semelhantes para manipulá-los e explorá-los das mais diversas formas. Alguns dos teus fiéis, mesmo sem a plena compreensão de tua verdadeira função, usarão teus nomes, para praticar o mal, e diversos também irão confundir-te, com as Ajés,[51] espíritos femininos ligados à prática condenável da magia negra e da feitiçaria – continuou Orumilá.

– Saberei como tratar esta gente! Ah, sem dúvida que saberei... – exclamou Exu.

– Tenho certeza de que saberás, pois és sábio em tuas molecagens. Agora, chega de conversa. Acompanhemos a caravana, pois Odudua conta com nossa ajuda e não podemos faltar-lhe – concluiu Orumilá.

Tendo Ogun como batedor, a caravana prosseguia decididamente no caminho que os conduzia ao grande destino. Oxóssi distribuía os alimentos com muita eqüidade e parcimônia e Oxum,[52] Orixá da beleza, abandonando seus rompantes de vaidade feminina, cuidava da água, economizando-a ao máximo para que não faltasse.

A jornada era longa e o destino incerto...

---

51. Ajé é o termo Iorubá para feiticeira. "Toda mulher é ajé... porque as Iyámi controlam o sangue das regras das mulheres... as mães controlam todas as mulheres por meio destes poderes místicos." (Verger, Pierre. Grandeza e Decadência do Culto de Iyámi Oxorongá. *In: As Senhoras do Pássaro da Noite*, P. 22).

52. Oxum, Orixá feminino da maior importância, é considerada como uma das principais Iyámi Ajé. É invocada pelo título de Iyálode que, não por coincidência, pertence também à chefe do culto de Iyámi Oxorongá, mulher que comanda todas as feiticeiras.

TRADUÇÃO DA EVOCAÇÃO FEITA POR ORUMILÁ NA ABERTURA DO JOGO.

Ifá, eu te evoco! Óh, Orumilá!
Se você foi para o campo, volte para casa!
Se foi para o rio, volte para casa!
E, se estiver caçando, volte para casa!
Eu bato meu pé esquerdo no chão para que teu pé esquerdo fique junto a mim.
Eu seguro teu pé direito e, para que isto aconteça, bato meu pé direito no chão.
Eu construo uma casa ao redor de ti, para que possas contruir uma casa ao meu redor.
Só tu podes prover-me de muitos filhos. Só tu podes conceder-me muito dinheiro!
Eu te reverencio! Eu te reverencio!
Eu me curvo diante de ti!
Eu presto reverências à Terra.
Eu abro um caminho pelo qual o dinheiro virá a mim.
Eu refresco a terra.
Eu refresco a esteira.
Permita-me subir e permanecer no alto,
Enquanto o akokô for o maior entre as árvores.
Subir e permanecer,
Enquanto o agbe assim o permitir.
Subir e permanecer,
Enquanto o alukó me der permissão.
Subir e permanecer!
Eu reverencio a Elegbara.
Que Ogun me dê permissão,
Que Oxum me dê permissão.
Salve Xangô! Salve!
Que Obatalá me dê permissão.

Que todos os Orixás me dêem permissão.
Reis da Terra e Reis dos Céus
Me dêem seu consentimento!
Orumilá indica o ebó,
Orumilá recebe o ebó.
Orumilá aceita o ebó!
Eu lhes agradeço!

Capítulo 2

O orgasmo cósmico

– **S**enhora! Senhora! – era Aroni, o anão de uma só perna, que, saltitante, mas veloz, e sem abandonar seu cachimbo de casca de caracol, aproximava-se com notícias da frente da coluna que se adiantara alguns quilômetros. – Ogun manda avisá-la que, de onde se encontra, já é possível divisar os limites do Orun! O deserto termina abruptamente e, a partir daí, nada mais existe, a não ser as trevas! Suplica que te apresses, pois agora cabe a ti executar as ordens de Olórun!

– Já vou, já vou Aroni! – respondeu Odudua mal humorada – Justo agora, que resolvi descansar um pouco! – disse Odudua.

O ponto havia sido atingido, e Odudua, esquecendo a fadiga, conclamou a todos que a seguissem o mais rapidamente possível ao local onde Ogun, o batedor, se encontrava. Excitados, todos caminhavam entoando cânticos de louvor a Ogun, tendo à frente a Senhora das Vestes Negras que, a partir daquele momento, assumia o comando.

Algumas horas depois o grupo se juntou a Ogun, e o que eles viram deixou-os mudos e assombrados.

Diante deles o deserto de areia terminava, como se fosse a borda de um imenso tabuleiro que se estendia infinitamente à direita e à esquerda. Até mesmo a abóbada cor-de-laranja terminava naquele local, e a luz vermelha do Sol não penetrava naquele espaço incomensurável, como se uma parede negra impedisse sua passagem.

Adiante, o nada, o vazio absoluto, aquilo que chamavam, sem nunca terem conhecido, o Oceano do Não Ser.

Um grande abismo, indecifrável e tenebroso, se abria no limite do deserto. Em cima, trevas. Embaixo, trevas. Adiante, trevas.

E os Orixás, aterrorizados, persignaram-se diante do desconhecido e, humildemente, rostos colados ao solo, exaltaram a grandiosidade de Olórun, representada ali pelo assombroso mistério que se descortinava.

Por algum tempo permaneceram assim, corpos estendidos sobre o solo, amedrontados diante do ignoto. Conheciam Olórun, privavam de sua deliciosa companhia, mas aquele era o seu lado ainda não manifestado. Dele nada sabiam, a não ser que tinham que lhe dar forma, preenchê-lo de vida, de luz e de calor. Mas, como fariam isto? Seriam eles suficientes para tão grandiosa missão?

Apenas uma certeza os consolava e os enchia de coragem e confiança: Deus tudo sabe!

Odudua foi a primeira a erguer-se e, ordenando que todos se pusessem de pé, colocou no chão o saco da existência. Não podia perder mais tempo.

– Ossâim! Arranja-me uma cabaça, a maior de que dispuseres. Corta-a ao meio, retira do seu interior todas as sementes e impurezas e coloca-a aos meus pés!

Ato contínuo, retirou do saco da existência a cabacinha branca e, suspendendo-a sobre a própria cabeça, murmurou contrita: "L'ojú Olôfin! L'ojú Olórun! L'ojú Olodumarê! A ma xé! Iba ê ô, iba!"[53]

Em seguida, Odudua derramou sobre a palma da mão direita, estendida, o pó branco nela contido e soprou-o com força em direção ao vazio.

O pó, espalhando-se no ar, transformou-se, miraculosamente, em um pombo branco, o mesmo que, depois de oferecido a Exu, lhe foi devolvido.

A bela ave voou trevas adentro, e, por onde passava, espalhava o pó, branco como suas penas. Imediatamente surgiu no espaço

---

53. Aos olhos de Olôfin! Aos olhos de Olórun, aos olhos de Olodumarê! Que me seja permitido realizar! Eu presto minhas reverências! Salve!

uma suave brisa que, aumentando de intensidade, transformou-se em forte ventania, formando um turbilhão que se chocava furiosamente contra as trevas, envolvendo-as em redemoinhos, abrindo brechas, tomando-a e substituindo-a por luz. Por onde passava o vendaval, as trevas cediam espaço à luz. Em algum tempo, todo o espaço acima da linha do horizonte estava claro e iluminado, e a abóbada celeste que o encimava era de um azul claro e profundo.

Estava criado o elemento Ar, e com ele nascera a luz.

Virando-se para uma das mulheres que fazia parte do grupo, Odudua ordenou:

— Oiyá, comanda o vento, cavalga-o e domina-o para que possa servir fielmente aos nossos planos! — disse ela.

Uma bela jovem, inteiramente vestida de verrnelho, colo ornado de incontáveis colares de coral, adiantou-se do grupo e, curvando-se diante da princesa negra, falou:

— Farei segundo a tua vontade Iyátemi,[54] os ventos se submeterão às minhas ordens, pois assim desejas! — falou a princesa.

E, erguendo os braços em direção ao céu, fez com que o vento se acalmasse imediatamente.

Depois de depositar a pequena cabacinha branca dentro da grande cabaça que Ossâim havia colocado aos seus pés, Odudua retirou do saco da existência, a cabacinha de cor azul e, agindo da mesma forma, soprou o pó contido em seu interior, desta vez para a parte de baixo do abismo. Imediatamente o pó transformou-se no grande caramujo igbim que lhe havia sido devolvido por seu Pai, escolhido entre os 200 que faziam parte de sua oferenda. O caramujo pairou no espaço, como que flutuando, e dele começou a jorrar água, como de uma cachoeira, e, em pouco tempo, o caramujo desapareceu em direção ao abismo, onde a água se acumulava e crescia em quantidade, formando um oceano onde, momentos antes, não havia coisa alguma.

As águas, agitadas pelo vento, formaram gigantescas vagas que se chocavam contra o imenso paredão rochoso, agora visível, que determinava o limite do Orun.

---

54. Minha mãe.

Extasiados diante da visão das águas revoltas, os Orixás permaneciam mudos e circunspectos. Somente Odudua, tomada de uma energia que até então desconhecia possuir, continuava em seu trabalho.

– Yemanjá! – disse, dirigindo-se a uma mulher de roupas brancas. – Assume o comando do Elemento Água. Separa-o da maneira que melhor te convier e mande nele, de forma que possa ser útil aos nossos desígnios. Divide este comando com Oxum. Que ela se encarregue da água doce que, em forma de rios, cortará, em todas as direções, a Terra que estamos criando, umidificando-a e tornando-a fértil para que os seres que nela venham a habitar possam viver com todo o conforto.

Adiantando-se, a bela senhora de seios fartos, cobertos apenas por inúmeros colares de pérolas e contas de cristal, curvou-se respeitosamente diante de Odudua e, pegando pelas mãos a jovem dengosa que havia distribuído a água consumida pelos Orixás durante a viagem, assim falou:

– Adukpé, Grande Mãe da Terra! Eu e Oxum, minha filha, nos encarregaremos do Elemento Água e daremos conta, satisfatoriamente, de nossa incumbência. Se me permitires, Senhora, criarei cachoeiras lindas como as que existem no Orun, e com os rios que me ordenaste criar, bordarei a superfície da Terra, tornando-a bela, além de aprazível. Nestes lugares, Mãe, pretendo estabelecer meu culto, e, com o ouro contido no leito dos meus rios, criarei para mim mesma inúmeras jóias e adornos, com os quais ressaltarei minha beleza e minha feminilidade, se assim me permitires – disse Yemanjá.

– Faz da maneira que melhor te convier, tens a minha permissão! – concordou Odudua.

Yemanjá e Oxum, erguendo as mãos, lançaram sobre as águas o seu Axé, e estas imediatamente se acalmaram. O oceano revolto aplacou-se e tornou-se sereno como um grande lago de águas azuis e transparentes.

A cabacinha azul foi colocada dentro da grande cabaça, ao lado da branca, e a pintada de preto foi retirada do saco, passando em seguida pelo mesmo procedimento imposto às que a sucederam.

O pó preto soprado por Odudua pousou na superfície da água e, sobre ele, surgiu uma galinha d'angola que imediatamente pôs-se a ciscar, espalhando o pó que, em contato com a água, transformou-se em lama, que se foi espalhando em todas as direções.

E, logo, um mar de lama, impossível de sustentar qualquer coisa, substituiu as águas que anteriormente ocupavam aquele espaço.

Virando-se para uma Iabá[55] integrante do grupo, vestida de azul e branco, Odudua deu novas ordens:

– Nanã, anciã dos Orixás, assume o comando da lama para que, separada da água, surja a terra, sólida e firme para ser habitada. A lama é o elemento primordial de nossa criação. Tudo virá dela, e tudo a ela será devolvido depois de cumprida a missão que for destinada a cada ser e a cada coisa.

Serás, portanto, encarregada desta função: devolver à lama o que dela provém. Como símbolo desta outorga, deves construir, com tuas próprias mãos, um cetro de fibras das folhas de dendezeiro, enfeixadas e atadas com tiras de couro ornadas de búzios. A ponta superior deverá ser dobrada para baixo e presa ao corpo do cetro, formando o símbolo do poder ancestral feminino do qual serás tu, Nanã, a representante entre os humanos.

Teu filho, Xamponan, será, a partir de agora, conhecido pelo nome de Obaluaiê, que significa O Senhor da Terra. Ficará ele encarregado de recolher e devolver à Terra os Ojijis e os Arás dos seres viventes. Possuirá, como tu, um emblema-símbolo desta atribuição, confeccionado com os mesmos elementos, e da mesma forma que o teu, tendo, como única diferença, a ponta ereta, como um falo, símbolo do poder ancestral masculino. A este símbolo será dado o nome de Xaxará.

---

55. Mãe velha, mãe venerável, mãe respeitável. Este título é usado em referência a todas as Orixás femininas.

Munido deste fetiche, poderá ter controle absoluto sobre as doenças que se instalarão sobre a Terra, dizimando todas as formas de vida que aqui existirão. Poderá, com isto, curar ou espalhar as doenças entre os homens e os animais.

O interior da Terra pertencerá a Onilê, e tudo que nela estiver contido, seja material ou espiritual, ficará sobre o seu comando. Onilê deverá ainda estabelecer o culto a Egungun,[56] mas isto só depois que o primeiro homem criado for levado por Iku – ordenou Odudua.

Os três Orixás convocados colocaram-se ao lado de Odudua, prontos para agir.

– Aguardem um pouco! – falou a princesa. – Para que possam agir satisfatoriamente precisarão da ajuda de um quarto elemento, o Fogo, e, retirando do saco a cabaça vermelha, soprou seu conteúdo, como já fizera antes.

O pó vermelho, uma vez espalhado sobre a lama negra e mole, metamorfoseou-se em um camaleão, que começou a lançar labaredas pela boca, tornando-se, ele mesmo, incandescente. O fogo propagou-se sobre a lama e, em pouco tempo, nada mais havia que não estivesse tomado pelas chamas. As águas ali contidas transformaram-se em vapor que, subindo ao céu, formou pesadas nuvens, escuras e carregadas de eletricidade.

Uma tempestade eclodiu, com os elementos se manifestando em toda a sua pujança.

Raios riscavam o céu, clareando a escuridão provocada pelas nuvens densas. Uma chuva torrencial desabou sobre as chamas que cobriam todo o abismo. Cursos d'água se foram formando, e, através deles, o líquido corria em direção aos locais mais baixos, onde se acumulava.

O fogo, combatido pela chuva, abria brechas e penetrava no solo, formando grandes bolsas, onde a matéria incandescente transformava-se em magma vulcânico, expelindo gases que, ex-

---

56. Espíritos humanos desencarnados. O culto de Egungun é separado do culto de Orixás. Ali são cultuados os espíritos de homens que, por seus feitos notáveis durante a vida, foram divinizados depois de mortos.

plodindo portentosamente, provocavam tremores de terra e com isso surgiram as montanhas e os abismos que imediatamente eram invadidos pelas águas enlouquecidas.

O vento, furioso, açoitava as águas, criando ondas gigantescas que invadiam e retomavam os espaços perdidos para a terra.

Estava estabelecido o caos, e nele ocorria o orgasmo cósmico, que daria surgimento à vida sobre o mundo novo.

— Exu, assume o comando do fogo e nomeia tantos auxiliares quantos forem precisos para controlá-lo — gritou Odudua em meio à confusão estabelecida.

— É pra já, minha Rainha! — respondeu Exu e, fazendo uso do poder que lhe foi conferido, passou a dar ordens: — Aganju, encarrega-te da lava incandescente, prende-a nas entranhas da Terra e não permitas que saia dali, a não ser que assim desejes.

Doravante, Aganju, tu reinarás sobre o magma vulcânico, semelhante em tudo ao teu caráter irascível.

E tu, Xangô, reinarás sobre o fogo manifestado na superfície da Terra e que pode ser controlado com muito mais facilidade, principalmente aquele produzido pelo efeito dos raios, fogo celeste que ficará sobre o controle de Oyá, a Senhora dos Ventos. Desta forma, Grande Obá, serás representada pelo som do trovão que é sempre precedido pelo raio, da mesma forma que o fogo é resultado da sua ação sobre a terra — estabeleceu Exu.

E, assim, Exu distribuiu aos companheiros o comando sobre o elemento Fogo em suas diferentes manifestações.

Os Orixás movimentavam-se em todas as direções, controlando e organizando a situação que, lentamente, foi ficando sob seu domínio.

Quando tudo se acalmou, Odudua pegou a cabaça contendo a terra que lhe fora entregue por Olórun, e que havia ficado esquecida dentro de sua almofada.

Nesta terra, especialmente preparada pelas mãos de Deus, eram encontrados os embriões das diversas formas de vida que iriam habitar aquele mundo.

Odudua pegou a corrente de 2 mil elos, prendeu-a firmemente à borda do abismo e, com a terra miraculosa dentro da cabaça que estava amarrada à sua cintura, desceu, destemida, em direção ao desconhecido. No meio da descida, parou e gritou para o camaleão:

– Ole? Kole? (A terra está firme? A terra não está firme?)

Como resposta, o réptil, que já havia retomado sua forma original, andou em todas as direções, mostrando que o solo já podia ser pisado com total segurança.

Sem mais delongas, a Princesa Negra desceu até o chão e, ao pisá-lo, imprimiu nele a marca de seus pés, o Esé Ntayé Odudua[57].

O que encontrou, foi, de certa forma, decepcionante. Uma enorme extensão de solo lamacento, cortado por correntes d'água, montanhas, de cujos topos jorravam torrentes de lavas incandescentes que iam, inevitavelmente, desembocar em grandes extensões cobertas pelas águas, provocando, no encontro, estrondos assombrosos e imensas nuvens de vapor que, subindo, acumulavam-se até a saturação, para cair, em seguida, em forma de chuvas monumentais.

O vapor formado por diversos tipos de gases espalhava-se por toda a superfície, impedindo que se enxergas-se qualquer coisa que estivesse a mais de 10 metros de distância. Nenhum sinal de vida. Tudo era desolação!

Depois de certificar-se de que o solo estava firme, Odudua começou a jogar, em sua superfície, a terra que lhe fora entregue por seu pai e que, os quatro animais, símbolos dos quatro Elementos, trataram de espalhar em todas as direções.

Estava plantada a semente da vida.

Os Orixás vieram em seguida à Odudua, e cada um tratou imediatamente de dar continuidade ao trabalho de organização do novo mundo.

Ossâim e Aroni, entregaram ao pombo as sementes das plantas que haviam trazido do Orun, e este as espalhou sobre a terra.

---

57. Dos Santos, Juana Elbein. *Op. cit.*, p. 62.

O camaleão e o igbim, por sua vez, ajudavam no desenvolvimento dos embriões da vida animal, selecionando-os de acordo com suas aptidões, para viverem sobre a terra ou dentro das águas. Enquanto isso, a galinha d'angola cuidava de alimentá-los e dar-lhes condições de se reproduzirem.

Muito tempo se passou e muito trabalho foi preciso para que a Terra assumisse o aspecto desejado, coberta de verde e habitada por todos os espécimes do reino animal. Finalmente, o cenário estava pronto para o surgimento do senhor de tudo aquilo: O homem!

Capítulo 3

A criação do homem

Enquanto tudo isso acontecia, Obatalá, despertando do sono e notando que o saco da existência havia sido roubado, retomou triste e cabisbaixo ao palácio de Olórun.

Sua caminhada de volta não foi menos penosa do que sua vinda até aquele ponto. O mesmo calor inclemente, a mesma sede, agravados, ainda, pelo sentimento de culpa e de fracasso.

– Como poderei encarar meu Pai?, questionava-se – Fui indigno da confiança que em mim depositou. Melhor seria que me banisse para sempre do Orun, seria um castigo bem merecido!

E, sem que percebesse, era a própria obsessão de receber um castigo o que lhe dava forças para prosseguir. Não ligava para mais nada, pensava apenas em ser punido de forma exemplar e merecida e, dessa forma, chegou ao palácio de Olórun em muito menos tempo.

– Mojubá Olórun, Babá mi! Falhei na missão que me confiaste e estou pronto a receber de Ti o castigo do qual, por minha falta de humildade, me fiz merecedor! – exclamou, arrojando-se aos pés de seu Pai.

– Eu te abençoo, filho meu! E perdoo teu erro. Como podes esperar de mim qualquer tipo de castigo, se em mim só existe amor? Sou um Deus de amor e jamais vou impor qualquer penalidade àqueles que criei e que são, todos, frutos do meu incomensurável amor.

Somente os tolos poderão acreditar, que eu, Deus de toda a criação, possa castigar a qualquer uma das minhas criaturas, por mais grave que tenha sido o seu erro!

O castigo que a mim venham a atribuir, não será nada além do resultado das ações de cada um.
Por isso dotei todas as minhas criaturas de livre arbítrio. Do poder de escolher entre ser ou não ser. Fazer ou não fazer. E os resultados de suas próprias ações é que refletirão favorável ou desfavoravelmente em sua vidas. Jamais castigarei, como jamais premiarei a quem quer que seja!
Quando alguma das Leis por mim estabelecidas for infringida, o resultado desta infração irá refletir-se, de forma inexorável, na vida do infrator, sem que eu tenha que agir como carrasco. Eu sou Amor, somente Amor! – falou Olórun.
– Tornei-me indigno de tua confiança, Pai, mas, se uma nova oportunidade me for dada, juro que saberei ser grato por isto.
Olórun olhou-o complacente e, com ar grave, perguntou:
– Onde está o saco da existência que te confiei?
– Ele me foi roubado por Exu enquanto eu descansava aos pés do igui ope! – respondeu Obatalá.
– Bebeste da seiva da palmeira? – perguntou Olórun.
– Sim, Pai, eu bebi! A sede se tornou de tal forma insuportável que não tive outra alternativa. Todos me abandonaram, inclusive Odudua, minha irmã – explicou Obatalá.
– E, por ventura, não te foi dito, de minha própria boca, que não podias beber emu? – falou Olórun.
– Sim, Meu Pai, tu me avisaste que eu não deveria beber o vinho da palma... – disse, sem graça, Obatalá.
– Acontece, Obatalá, que por haveres negligenciado os sacrifícios determinados por Ifá, caíste numa cilada muito bem engendrada por Exu, com a conivência de tua própria irmã. Agora é tarde, a Terra já foi criada e já existe em toda plenitude. Ao beberes a seiva da palmeira perdeste as forças, foi como se tivesses bebido teu próprio sangue. Tu és parente consangüíneo daquele vegetal – explicou Olórun.
– Só me resta, então, a humilhação de haver sido substituído por minha irmã, e de servi-la, apesar de ser eu o primogênito? Se esta é a vontade de meu Pai, estou pronto a obedecê-la! – falou, resignado, Obatalá.

— Reservei para ti, meu filho, uma missão muito mais importante. Tua irmã, Odudua, com a ajuda dos Eboras criou o planeta e as formas inferiores de vida que nele agora habitam. Enfim, todo o cenário onde deverá reinar o ser para quem tudo isto está destinado – o homem.

Para ti reservei a missão de engendrar a raça humana, composta de seres em tudo semelhantes a nós, seus criadores.

Estarás dotado, a partir de agora, do poder de insuflar-lhes o Emi, sopro de vida que permitirá que recebam, em seus corpos de carne, o meu Espírito, bastando para isso que sobre cada um deles sopres o teu hálito, por isso, transfiro para ti meu atributo de Alabalaxé, Aquele que Possui o Poder de Realização[58].

Cada ser humano deverá ser modelado no Orun, por Ajalá, o Oleiro, com matéria sutil e imperceptível no mundo que irão habitar. Depois, receberão corpos de carne, que serão exatamente iguais aos protótipos aqui modelados. Esses corpos deverão, por sua vez, ser moldados com a matéria grosseira do novo mundo, a lama de onde tudo provém. Após haverem cumprido sobre a Terra a missão a que forem destinados, serão tocados por Iku e, separados de meu Espírito, devolvidos à Terra para que voltem a ser apenas lama.

O controle sobre cada tipo de matéria foi confiado, por tua irmã, aos diferentes Orixás que a ajudaram em sua obra. Assim sendo, este controle pertence a eles, e só com a permissão deles essas matérias poderão ser utilizadas para o fim a que se destinam.

Cada ser criado de um tipo diferente de matéria deverá, no decorrer de sua vida, prestar culto ao Orixá que tenha cedido a sua matéria e, desta forma, ficará estabelecido o Culto aos Orixás; e os homens deverão render homenagem como forma de pagamento pelo uso de seus próprios corpos, que, na verdade, não lhes pertencem, mas sim aos Orixás, que poderão, por

---

58. Juana Elbein descreve: "Um dos títulos de Olórun é precisamente *Aláàba l'áàse*, aquele que é ou possui propósito e poder de realização, título que delegou a Obatalá quando lhe ensinou e transmitiu o poder de criar seres. (Dos Santos, J. Elbein. *Os Nagô e a Morte*. p. 73.)

curtos períodos, deles se apossar para receberem as homenagens que lhes forem destinadas. Mas, se ainda assim, o meu Espírito, em cada um deles, se negar a permitir que os Orixás, donos de suas cabeças, as tomem para se manifestarem, nada irá obrigá-los a ceder aos seus caprichos, pois o meu Espírito é superior a eles, e a sua vontade é soberana.

O meu culto, da mesma forma que o meu Espírito, deverá ser individualizado em cada ser humano. Sempre que algum deles se sentir enfraquecido, deverá oferecer, à sua própria cabeça, sacrifícios a que chamarão de bori. É desta forma que estarei sendo cultuado – explicou Olórun.

– Que seja feito segundo a tua vontade. Desta vez não falharei, mesmo porque nunca mais deixarei de cumprir as determinações do Oráculo de Ifá. Agora, se me deres permissão, vou em busca de Ajalá para que este comece o seu trabalho – finalizou Obatalá.

Retirando-se do palácio, Obatalá, mais feliz do que nunca, dirigiu-se apressadamente até a oficina de Babá Ajalá, artesão encarregado de produzir todos os tipos de utensílios de cerâmica.

No interior da oficina, o Príncipe percebeu que inúmeros seriam os problemas com seu novo auxiliar. Ajalá era muito velho e grande apreciador de emu, o vinho de palma que lhe havia causado tantos transtornos.

A olaria era um exemplo típico de desordem e falta de organização, ferramentas espalhadas, tornos caídos, bancadas quebradas e frascos, inúmeros frascos, antes cheios de emú, abandonados pelo chão.

Obatalá, embora impressionado de forma negativa pelo aspecto do escultor e do seu local de trabalho, não se atreveu a fazer nenhum comentário desairoso. Seu Pai dissera que Babá Ajalá seria o modelador de Ori. Quem era ele para contestar a sua sapiência?

Após ter sido devidamente orientado, o velho oleiro começou a produzir inúmeras cabeças que, depois de prontas, eram dispostas em prateleiras para secar.

Apesar de sua competência e indiscutível vocação artística, o velho Funfun tornara-se relaxado em seu trabalho e aliado a isto o seu constante estado de embriaguez, não conseguia produzir esculturas homogêneas. Cada cabeça moldada era diferente da outra, umas feias, outras bonitas, umas bem acabadas, outras feitas de qualquer maneira. O importante para ele era produzir em quantidade. A Terra aguardava por seus senhores!

Em pouco tempo, milhares de cabeças estavam prontas para receber o Emi e, depois de trasladadas para o mundo material, assumir invólucros de carne.

Obatalá, pessoalmente, conduziu-os aos limites do Orun, já que a trilha aberta por Ogun permanecia perfeitamente visível. A viagem transcorreu sem qualquer problema, e inúmeros Orixás Funfun fizeram parte da comitiva, que desta vez levava água e víveres suficientes para todos.

Ao passar diante da grande palmeira, Obatalá experimentou, novamente, um sentimento de amargura e revolta, e pensou: Quer dizer, então, que Odudua, minha própria irmã, participou do complô armado por Exu contra mim... Mas ela não ficará impune! Acharei uma maneira de vingar-me e novamente impor minha autoridade de primogênito!

Ao chegar diante do novo mundo, o Grande Orixá estancou admirado. Odudua havia realmente realizado um belo trabalho.

A visão que se descortinava à sua frente era simplesmente maravilhosa: imensas planícies cobertas de verde, onde se destacavam árvores enormes que pareciam tocar o firmamento com seus galhos mais altos, de onde pendiam frutos de aparência apetitosa.

Pássaros multicoloridos voavam em bandos e, no solo entrecortado por riachos de águas cristalinas, todos os tipos de mamíferos aqueciam-se à luz do Sol.

Os predadores saíam à noite, em busca do alimento que garantia não somente a sua sobrevivência como a de sua prole. A lei da natureza impunha-se pujantemente por meio do processo de seleção natural, que garante a sobrevivência do mais forte ou do mais apto.

Ao longe, a faixa de terra era repentinamente substituída por uma imensa massa de água de um azul profundo, no interior da qual pululavam miríades de formas viventes. Em alguns pontos, estas águas, tangidas pelos ventos, chocavam-se de forma violenta contra rochedos escarpados que formavam a encosta e elevavam-se a alturas inconcebíveis, fazendo surgir montanhas de picos violáceos, pintalgados pelo branco da neve que ali se acumulava. Em outros, rolavam suavemente, sobre longas faixas de areia cor de ouro, cobrindo-as de brancas espumas rendadas, para retirarem-se, em seguida, preguiçosamente, de volta ao seu leito natural.

Obatalá examinava a obra de Odudua, atentando para cada detalhe. Buscava defeitos que, por mais que se esforçasse, não conseguia encontrar.

— Mãe! Mãe! Teu irmão encontra-se neste instante nos limites do Orun, acompanhado de milhares de seres espirituais até agora desconhecidos por nós. Com certeza pretende invadir teu reino para estabelecer-se aqui com sua gente. É a guerra, Mãe! — gritava Exu, aproximando-se, às carreiras, do trono de Odudua.

— Calma, Exu! Obatalá é meu irmão mais velho, mas nem por isto cederei a ele os direitos adquiridos sobre a Terra que criei. Se veio em paz, em paz será recebido. Contudo, se é guerra o que pretende, estaremos prontos para defender o que nos pertence.

Envia um emissário até ele para saber quais são as suas verdadeiras intenções, e que seja marcada uma reunião, com a presença de todos os Orixás, para que se chegue a um acordo.

Imediatamente, Exu foi ao encontro do Grande Orixá Funfun. Colocou sobre a cabeça, preso ao seu indefectível chapéu cônico, uma pena vermelha do papagaio ekodidé, símbolo de vitória e do poder gerador feminino, a serviço do qual se encontrava naquele momento.

As tropas de Obatalá estavam dispostas ao redor da grande tenda de tecido branco armada para abrigar o chefe e seu estado-maior. A aparência dos guerreiros era aterrorizante. Seus corpos negros, desprovidos de roupas e de pêlos, haviam sido inteiramente cobertos por uma pintura branca, feita com efun, que garantia proteção contra a morte. Nas cabeças, filás, revestidos de longos pêlos retirados das jubas de leões, que chegavam até os ombros, emprestavam-lhe uma aparência feroz e enigmática. Nas mãos, à guisa de armas, longas hastes de madeira, terminadas em afiadas pontas de marfim, agravavam ainda mais suas aparências terrificantes.

Exu passou entre eles sem dizer palavra. Sabia do poder terrível daqueles espíritos, engendrados especialmente para a guerra, mas nem por isto parecia amedrontado e, assim, prosseguiu altaneiro até a tenda do chefe.

– Senta-te, Exu, sabes muito bem que temos contas a acertar, mas nossas pendências serão resolvidas em outra oportunidade. Agora és para mim o embaixador de Odudua, minha irmã – falou Obatalá.

– Minha Senhora Odudua deseja saber quais são as tuas intenções. Manda avisar que está pronta a receber-te em paz e com honras de rei, se em paz vieste ao Aiê. Se, no entanto, tuas intenções forem belicosas, ela está preparada para resistir e promete ainda que, de tudo o que criou, nada restará para governares, se venceres a guerra – replicou Exu.

– Vais dizer a Odudua que Olórun, Nosso Pai, encarregou-me de missão mais importante do que reinar sobre o Aiê. Que, para levar a cabo a minha missão, preciso estabelecer-me aqui e usar parte da matéria que compõe o mundo criado por ela. Diz-lhe que vim em paz, mas que, se necessário for, usarei de força para atingir os meus objetivos, Preciso que me seja cedido um sítio onde possa estabelecer-me com minha gente, e que estou pronto a negociar com Odudua, respeitar suas condições e submeter-me à sua autoridade de rainha – explicou Obatalá.

Exu voltou e apresentou a Odudua a proposta de seu irmão. Depois das negociações de praxe, Obatalá recebeu permissão para descer ao Aiê com seu exército de Orixás Funfun e os milhares de espíritos recém-criados. Uma condição foi imposta: eles deveriam ficar acampados num local muito distante daquele onde Odudua se havia estabelecido com a sua gente.

Um encontro foi marcado entre eles para que pudessem, pessoalmente, chegar a um acordo que fosse bom para ambas as partes.

Enquanto as coisas se arrumavam, Odudua voltou a consultar o Babalaô. Não podia prescindir, como jamais prescindira, das orientações de Ifá.

– Guardaste a grande cabaça onde estão contidas as cabacinhas com os elementos usados na criação da Terra? – perguntou-lhe Orumilá.

– Sim, Olhador, a grande cabaça está muito bem guardada em meus aposentos – respondeu Odudua.

– É necessário que, na hora de tua reunião com Obatalá, que deverá ocorrer somente com vocês dois, a grande cabaça esteja presente.

Exigirás que teu irmão preste culto à cabaça, oferecendo-lhe o sacrifício de 400 igbins. Depois disso, pegarás a parte superior da cabaça e a pintarás de branco, usando para isto o pó do efun. A parte inferior deverá ser pintada de negro, com pó de carvão vegetal.

Isto feito, as duas partes deverão ser acopladas, para nunca mais se separarem, simbolizando a união dos dois planos de existência. A parte de cima, branca, representará o Orun, o mundo espiritual do qual somos todos oriundos e que pertence a Obatalá. A parte inferior, negra, pertence a ti, Odudua, e representa o mundo material que criaste e todas as formas de vida que nele habitam e habitarão.

Este símbolo se chamará Igbadú, a cabaça da existência, e nele estarão reunidas, simbolicamente, todas as coisas existentes no Universo, e que deverão ser mantidas no mais absoluto segredo, tal o poder que irá conferir a quem o possuir.

Teu irmão deverá tomar-te como esposa e, da mesma forma que a parte superior da cabaça cobre a inferior, ele deverá cobrir-te e aplacar-te com o seu sêmen, da mesma forma que a água dos igbins irá apascentar e fertilizar a matéria contida no interior da cabaça.

A partir de então, haverá o equilíbrio necessário a toda a existência e, reconhecido o poder da mulher, o homem poderá estabelecer-se no mundo que para ele criaste – explicou Orumilá.

– Resta saber se Obatalá, prepotente como é, aceitará reconhecer este poder! – exclamou Odudua.

– Age com inteligência! O verdadeiro poder da mulher reside na sua fraqueza aparente, na sua fragilidade física e na maneira especial que possui de convencer e obter o que deseja, como se estivesse cedendo a tudo. Na hora certa saberás como agir, e Obatalá, pensando impor condições, fará o que desejares – finalizou Orumilá.

No dia seguinte, Obatalá chegou e foi recebido com honras de rei, e todos o saudaram cantando:

"Obá alá o ku abooo!
Obá nlá mo wá dée ô!
Ô ku irin!
Eru wá dáji.
Olowo Ayé wonye ô ô!"[59]

Obatalá e Odudua sentaram-se frente à frente e dialogaram durante muito tempo, tendo entre eles a grande cabaça.

Não conseguiam chegar a um acordo sobre quem iria reinar. Se Obatalá possuía poderes ilimitados, Odudua chegara primeiro e criara a Terra.

Discutiram por muito tempo e, em determinados momentos, exaltavam-se e ameaçavam-se mutuamente. Mas, logo, acalmavam-se por saberem que uma guerra entre eles poria fim a tudo o que já havia sido feito.

---

59. Rei do pano branco, seja benvindo!
    O Grande Rei acaba de chegar!
    Nós o saudamos pela viagem que acaba de empreender!
    Os escravos vieram para servir o seu Senhor.
    Oh! Senhor dos habitantes da Terra! (Dos Santos, Juana Elbein, *op. cit.*, p. 63).

Depois de muito debaterem, Obatalá aquiesceu com as exigências de Odudua e, depois de oferecer o sacrifício por ela exigido, tomou-a como esposa, indo, em seguida, estabelecer-se com sua gente em um lugar chamado Idítaa, onde construiu uma grande cidade cercada de imponentes muralhas.

A sobrevivência do mundo estava garantida, como garantida estava, por meio da interação do sexo masculino com o sexo feminino, a continuação da existência nos dois níveis.

As duas metades do Igbadu deveriam permanecer unidas, Orun e Aiê, Obatalá e Odudua, macho e fêmea, para permitir a procriação das espécies.

E todos cantavam felizes:

Inu Odudua ô rô,
Inu Orixalá naa si roô![60]

Como Odudua deu sua permissão para que a lama fosse utilizada como matéria-prima para modelar os corpos humanos, Obatalá encarregou alguns Orixás de recolhê-la em grande quantidade.

Todos partiram em busca da matéria-prima necessária, mas sempre que um deles tentava recolher lama, esta chorava e, condoídos diante do pranto, os Orixás não recolhiam nada.

Todos tentaram recolher lama, e todos, pelo mesmo motivo, desistiram.

Foi então que Iku apareceu, apanhou uma porção de lama e, sem demonstrar a menor piedade por seu pranto, entregou-a a Obatalá, que pediu a Olugama[61] que modelasse os arás.

Por ter apanhado lama, Iku ficou encarregado de devolvê-la; é por isto que Iku é quem sempre leva os homens de volta para a lama.

---

60. Odudua se apaziguou, Obatalá também se apaziguou! (Dos Santos, Juana Elbein, *op. cit.*, p. 64.)

61. Olugama é o Orixá Funfun encarregado de modelar o corpo material (ará) dos seres humanos, reproduzindo, com exatidão, a modelagem anteriormente produzida por Baba Ajalá no Orun.

A Iku foi dado, para o representar, um bastão de cerca de 30 centímetros de comprimento com uma cabeça talhada na extremidade superior. Este emblema, denominado Kumon, é ao mesmo tempo poderoso e perigoso. Serve para matar.

A partir de então, Iku não pode mais fixar-se em lugar algum, tem que ficar percorrendo o mundo todo para que possa realizar o seu trabalho.

Depois que Olugama modelou os diversos arás, os espíritos trazidos do Orun por Obatalá neles penetraram e, uma vez insuflados de Emi, transformaram-se em seres humanos, masculinos e femininos que, procriando, se espalharam por toda a Terra, dominando as demais criaturas terrestres.

Durante muito tempo a paz reinou sobre a Terra. Tudo era prosperidade e as famílias formavam tribos que, crescendo em número de membros, transformaram-se em nações. E o ser humano espalhou-se sobre o planeta, criando diferentes culturas, na medida em que se afastava do seu ponto de origem, local onde Odudua fundou Ilê Ifé, a Terra do Amor, que existe até hoje no território da República da Nigéria.

Odudua estabeleceu-se definitivamente em Ondo, onde ainda hoje é cultuada como Iyá Male, e seu reino foi dividido em 12 pequenos estados onde outros Orixás foram por ela entronizados com atributos reais.

Certo dia, Oxum, a deusa da beleza, mostrou-se aborrecida pelo desprezo com que era tratada pelos Orixás do sexo masculino.

Lançando mão de seus poderes de feitiçaria, atribuição do sexo feminino inerente à metade inferior do Igbadú, determinou que, até que fosse reconhecido este poder, uma praga se abateria sobre a Terra: as mulheres tornar-se-iam estéreis, os animais não mais dariam crias e as plantas não se reproduziriam. Desta forma, o mundo estava condenado à extinção.

Afinal, não tinha ela recebido, da própria Odudua, o título e as atribuições de Iyami Akoko, A Mãe Ancestral Suprema, a grande protetora da gestação?

Não era ela, também, a Ogagun ati Ogajulo ninu awon Iyami Oxorongá, Chefe Suprema e Comandante de todas as Senhoras dos Pássaros?[62] Por que motivo, então, não era convidada, jamais, a participar dos rituais?

Nesta época, os Orixás já haviam estabelecido cultos sobre a Terra. Seguindo as orientações do Oráculo de Ifá, abriram uma clareira na floresta a qual denominaram Igbo Orô, consagrando-a a Orô, e onde era prestado culto a Ori.

Abriram outra clareira, consagrando-a a Egun, o Igbo Igbala, onde os Espíritos Ancestrais dos humanos eram cultuados sob o nome genérico de Egungun.

Na mesma floresta, outra clareira foi aberta e consagrada a Ifá, o Igbo Ifá, onde o Oráculo criado por Orumilá era consultado por todos que queriam conhecer os seus destinos.

Uma outra clareira, ainda, fora aberta na floresta, chamada Igbo Orixá, onde os Orixás eram cultuados.

No entanto ela, Oxum, a poderosa Iyami Ajé, jamais fora convidada a participar de qualquer das cerimônias. Mas sempre que os Orixás retornavam da floresta, trazendo consigo os animais oferecidos em sacrifício, quer fosse para Orô, quer fosse para Egun, quer fosse para Orixá ou até mesmo para Orumilá, entregavam-nos a ela, para que os limpasse e cozinhasse, prevenindo-a, no entanto, de que não poderia comer nenhuma porção, por mínima que fosse, daquelas oferendas.

Revoltada, Oxum resolveu estender sobre todas as coisas o seu Axé de Iyami Ajé, que tornava tudo estéril, improdutivo.

E, de uma hora para outra, as fêmeas deixaram de procriar, as profecias falharam e as magias deixaram de funcionar, ou só funcionavam para o mal. Se algum remédio era receitado

---

62. Dos Santos, Juana Elbein, *op. cit.*, p. 114.

para curar um doente, ele morria mais depressa, e a água, antes fresca e transparente, tornara-se turva e letal.

A situação ficou insustentável para os Orixás que não conseguiam perceber o que estava acontecendo. Afinal de contas, seguiam à risca os ensinamentos litúrgicos, e o poder de Olodumarê jamais falhara, jamais os deixara na situação vergonhosa e desesperadora em que agora se encontravam.

O que seria preciso fazer?

Já que seus próprios conhecimentos eram insuficientes para solucionar o problema, resolveram consultar o Oráculo, e Orumilá, munido de seus apetrechos, invocou Odu e ficou por um longo tempo observando a figura do Odu que apareceu e que para ele era inteiramente nova!

Há muito tempo acostumara-se com o Oráculo que ele mesmo criara e com os 16 Odus que o orientavam, portadores das mensagens pelas das quais solucionava todos os problemas. Mas aquele Odu era inteiramente novo. Um 17º Odu, resultante da interação de dois dos 16 já conhecidos: Oxe e Otura! E Orumilá, depois de observá-lo demoradamente, resolveu chamá-lo de Oxetuá.

A resposta era segura e, depois de terminada a leitura, Orumilá afirmou que não havia outra solução para eles, se não a de acharem alguém suficientemente sábio para ser enviado a Olodumarê com a função de saber que tipo de trabalho deveria ser feito para o restabelecimento da ordem, e este alguém deveria ser ele mesmo, Orumilá, Sábio entre os Sábios.

Feito o preceito necessário, um forte redemoinho o envolveu e o levou aos vastos espaços do Orun, onde pretendia avistar-se com Olodumarê.

Lá chegando, encontrou Exu Odara,[63] que já estava com o Grande Deus.

---

63. Exu é um só, mas possui diferentes atributos e, de acordo com a função que exerça, recebe um nome ou título diferente.

Exu já havia exposto a situação a Olodumarê, e Orumilá pediu que lhes fossem dadas as necessárias orientações para que pudessem salvar a Terra da destruição total.

Olodumarê, então, explicou-lhes que toda a confusão estabelecida na Terra era motivada pelo fato de jamais haverem convidado, para participar dos rituais, aquela que seria a 17ª pessoa entre eles.

Não havia nenhum outro conhecimento que pudesse lhes passar, senão tudo aquilo que já lhes havia ensinado. Deveriam convidar a 17ª pessoa a participar de todos os sacrifícios, de todos os rituais. Esta era a única saída, a única forma de salvar o mundo inteiro de uma completa destruição.

Quando Orumilá voltou à Terra, após saberem do resultado da entrevista, os Orixás chamaram Oxum para que os acompanhasse a todos os lugares onde fossem oferecer sacrifícios. Contudo ela se recusou. Jamais se disporia a acompanhar aqueles que só a convidavam agora, por saberem que o seu poder era maior do que o deles. Agora era tarde, muito tarde!

Havia sido relegada a um plano inferior – como se não fosse também um Orixá de grande importância –, e agora vinham chamá-la? Que se danasse o mundo e todas as criaturas nele existentes, ela pouco se importava com o destino deles.

Os Orixás, então, se atiraram aos seus pés, suplicando que os atendesse. Mas Oxum continuou em sua firme decisão de não ceder, e, aproveitando-se da situação, maltratou e humilhou a todos.

Depois de sete dias de pedidos e negativas, Oxum se acalmou, e reafirmando que jamais iria acompanhá-los, apresentou uma outra solução:

– Já estou farta desta história! Vocês, representantes do sexo masculino, não passam de idiotas prepotentes que nada representam diante do poder que nós, mulheres, possuímos, e que é inerente à nossa própria natureza.

Estou falando, bando de imbecis, de um filho que carrego em meu ventre e que, se vocês tiverem o poder de fazer com que nasça do sexo masculino, permitirei que me substitua e que os acompanhe nos ritos e sacrifícios, como se fosse eu mesma, e aí a Terra será salva. Se, no entanto, esta criança for do sexo feminino, não tenham dúvida de que a Terra e tudo o que sobre ela existe perecerá, só restando desolação. Nada restará sobre ela, eu lhes juro, que possa lembrar que um dia foi bela e plena de vida – concluiu Oxum.

A situação era crítica. Oxum, como ela mesma havia declarado, carregava no ventre uma criança que desejava que fosse do sexo masculino. Mas, e se essa criança tivesse escolhido nascer mulher? Será que o poder dos Orixás seria suficiente para convencê-la ou para obrigá-la a mudar sua determinação? Ninguém sabia! Mais uma vez Oxum colocava-os em xeque e testava seus poderes.

Alguma coisa tinha de ser feita e, mesmo na dúvida da eficácia do que passaram a fazer a partir deste dia, todos os Orixás, liderados pelo próprio Obatalá, dirigiam-se à casa de Oxum e, ali, colocando suas mãos sobre a cabeça da Iagbá, transmitiam-lhe o seu Axé, dizendo – Iwo Oxum, ókunrin ni oóbí, omó bi n'bé ninuú ré![64]

Assim fizeram todos os dias, religiosamente, até que chegou a hora do nascimento.

Após o parto, todos os Orixás, reunidos na porta da casa de Oxum, exigiam que a criança lhes fosse apresentada. Precisavam saber qual era o seu sexo, disto dependia a sorte do Aiê.

Oxum, calmamente, ordenou-lhes que se retirassem e que só voltassem dali a nove dias, ocasião em que lhes permitiria saber o sexo da criança e escolher o nome que lhe seria dado.

No nono dia, os Orixás voltaram. E Oxum, pegando a criança, colocou-a nos braços de Obatalá que, depois de verificar que era um menino, soltou brados de contentamento. E todos vibraram de alegria, o mundo estava salvo!

---

64. A criança que você, Oxum, traz dentro de si, homem deverá nascer!

Um a um, pegando a criança em seus braços, a abençoaram e aquinhoaram com seus Axés.

– Que nome lhe daremos? perguntou Oxalá – Por acaso o fato de haver nascido homem não foi resultado da imposição do nosso Axé, quando ainda se encontrava no ventre de sua mãe? Por que não o chamarmos então, de Axetuá?[65]

E aquela criança ficou conhecida pelo nome de Axetuá.

Orumilá, então, pegando o pequenino, levou-o ao Igboduifá para saber seu Odu.

Depois de consultar o Oráculo, virando-se para os demais, falou – A criança que Oxe e Otua[66] fizeram nascer, e que antes chamamos de Axetuá deve, na verdade, ser chamada Oxetuá, nome do Odu que lhe deu nascimento.

Mas Oxum, mesmo concordando com tudo o que faziam, deu ao seu filho o nome de Akin Oxô,[67] pois tendo sido ele gerado no seu Axé de Iyami, era filho do poder mágico e, como ela, detentor deste poder.

O tempo se passava e o menino participava de todos os rituais. Nenhuma oferenda era mais possível sem a sua presença, e, sem sua ratificação, nenhuma orientação poderia ser dada. Oxetuá era agora o 17º entre os grandes e, em qualquer lugar em que os mais velhos se reunissem, lá estava ele, com as mesmas honrarias.

Um belo dia, sobreveio uma seca muito grande sobre a Terra. Já fazia mais de três anos que não chovia. A miséria e a fome já assolavam o mundo e, então, os Orixás resolveram consultar Ifá, que determinou que fosse feita uma oferenda a Olodumaré, para que se apiedasse da Terra e, interferindo, a salvasse da destruição.

Um grande ebó foi preparado, e nele foram colocados uma cabra, uma ovelha, um cachorro, uma galinha, um pom-

---

65. O poder o trouxe para nós.
66. Respectivamente o 14º e o 15º Odu Ifá.
67. Poderoso feiticeiro.

bo, um preá, um peixe, um touro selvagem, um pássaro da floresta, um pássaro da savana, um animal doméstico, dezesseis pequenas jarras contendo azeite-de-dendê, 16 ovos de galinha, 16 pedaços de pano branco, muitas e diferentes folhas de Ifá e um ser humano.

Foi feito então um grande carrego com todas essas coisas e o Odu Ejiogbe foi encarregado de levá-lo a Olodumarê.

Pegando o carrego, Ejiogbe conduziu-o até as portas do Orun, que, infelizmente, não lhes foram abertas, e impedido de prosseguir, ele foi obrigado a retornar à Terra.

No dia seguinte, Oyeku Meji encarregou-se de transportar o ebó e, da mesma maneira que Ejiogbe, teve que retroceder ao encontrar fechadas as portas do Orun.

E, um por um, cada um dos 16 Odus de Ifá, tentou chegar aos pés de Olodumarê com a oferenda, mas todos foram impedidos de prosseguir pelo mesmo motivo.

Nem Iwori Meji, nem Odi Meji, nem Irosun Meji, nem Owónrin Meji, nem Obará Meji, nem Okanran Meji, nem Ogundá Meji, nem Osá Meji, nem Iká Meji, nem Oturukpon Meji, nem Otura Meji, nem Irete Meji, nem Oxe Meji e nem sequer Ofun Meji, o mais importante de todos, puderam passar. Olórun não lhes abria as portas.

Foi assim que, chegada a sua vez, Oxetuá foi encarregado de transportar o sacrifício de Olodumarê.

Antes de partir, o filho de Oxum foi consultar o Oráculo, e dele recebeu as seguintes ordens: – Uma oferenda deve ser feita, composta de seis pombos, seis galinhas e seis centavos, antes de tua partida para o poderoso Orun. Quando fores fazer a oferenda, encontrarás, no teu caminho, uma anciã, à qual deves fazer o bem.

Quando o jovem partiu para entregar a oferenda a Exu, encontrou no caminho uma velha, que já existia desde o tempo em que os primeiros seres humanos surgiram na Terra.

– Akin Oxô! – chamou a velha. – À casa de quem tu pretendes ir hoje? Ouvi rumores, na casa de Olófin, que os 16

Odus mais velhos tentaram, sem sucesso, levar um sacrifício ao Orun. É chegada a tua vez de tentar a mesma coisa?
— Sim, é chegada a minha vez! – disse Oxetuá.
— Comeste alguma coisa hoje? – perguntou a velha.
— Sim, eu já me alimentei – ele respondeu.
— Pois eu, já faz três dias que não tomo qualquer tipo de alimento. Não tenho dinheiro para comprar comida – disse a velha.

Condoído, o jovem pegou os seis centavos que aia oferecer a Exu, entregou-os à velha para que pudesse comprar alimentos.

— Adukpé ô! Agora volta ao local de onde vieste e diz a todos que não irás hoje porque achas que não é conveniente. Amanhã, de manhã bem cedo, carrega a oferenda de Olodumarê. Não deves comer nada. Nem sequer podes beber água antes de chegares às portas do Orun.

Todos os que te precederam comeram a comida da Terra antes de partir e, por isto, as portas lhes foram fechadas – concluiu.

E, dizendo isto, a velha desapareceu da mesma forma que aparecera, misteriosamente.

No mesmo dia, Oxetuá foi ao encontro de Exu para perguntar-lhe como deveria agir.

— Jamais pensei que viesses me pedir orientações antes de partir! Mas tenha a certeza de uma coisa, isto tem que acabar e hoje eles vão te abrir as portas! Comeste algum alimento ou bebeste alguma coisa? – perguntou Exu.

— Não, nada comi, nada bebi! Ontem, quando me propunha a seguir viagem, deparei com uma velha que me aconselhou a adiar para hoje a minha missão, e para que fosse bem-sucedido, deveria manter o mais absoluto jejum – respondeu Oxetuá.

— Muito bem, se é assim, irei contigo – disse Exu.

E, então, Oxetuá e Exu partiram juntos, rumo aos portões do Orun.

Qual não foi a surpresa de ambos quando ali chegando, constataram que os portões já estavam abertos, como se estivessem esperando por eles!

Apressados, seguiram em direção ao palácio de Olodumarê que, depois de examinar a oferenda, disse:

— Vocês sabem me dizer qual foi o dia que choveu pela última vez na Terra? Gostaria de saber se o mundo já não foi completamente destruído... Que tipo de vida ainda pode ser encontrado por lá?

Se querem preservar o mundo é indispensável que seja criado um culto por meio do qual os homens restituam parte de tudo o que consomem para seu próprio sustento e sobrevivência em forma de sacrifícios.

O alimento que digerem, a água que bebem, o ar que respiram, tudo deve ser restituído ritualisticamente, representado por pequenas porções. Em cada uma destas porções me farei presente, pois elas, como tudo o mais, são parte de mim mesmo – disse Olodumarê.

— Como parte de ti? – perguntou o mais novo Odu. – Podes desvendar-nos este mistério?

— Eu sou o sacrifício e o ritual. Sou a oferenda, os cânticos e as ervas. Sou o fogo e a água. Sou o ar e sou a terra.

Eu sou o Pai e a Mãe do Universo. Sou seu sustentador e purificador.

Obatalá e Odudua são manifestações de minha personalidade múltipla e, ao mesmo tempo, indivisível, da mesma forma que os Orixás e os Eboras.

Tudo o que for a eles oferecido pelos homens, será por mim recebido, pois eu sou a meta, a morada e o refúgio. Eu sou a eterna semente. Sou o tudo e sou o nada.

Sou Ogbe, a vida, e Iku, a morte. Sou a criação e a aniquilição.

Sou os quatro pontos cardeais que, por associação, se transformam nas 16 moradas dos 16 Odus de Ifá que se desdobram em 256 para que o ser humano possa conhecer os caminhos que devem percorrer em sua vidas.

Dos Odus de Ifá, sou Ofun Meji, e comigo estão contidos os segredos de minha origem, e que só a mim cabe conhecer.

Nem os Orixás Funfun de hierarquia máxima, nem o maior sábio dentre os humanos conhecem ou podem conhecer a minha origem e a minha grandiosidade e, por isto, me chamo Olodumarê.

Sou igual com todos, imparcial e amigo. Sou amor por minha criação, pois estou nela, faço parte dela.

É necessário que os humanos reiterem seus sacrifícios para que tal coisa não volte a acontecer. Tudo aquilo que consomem deve ser simbolicamente restituído à natureza, que dispensa a eles os meios de sobrevivência. As ofertendas são indispensáveis para a manutenção do sistema! – finalizou Olodumarê.

Em seguida, Olodumarê entregou a Oxetuá todas as coisas de valor que já haviam perecido na Terra, e que eram indispensáveis à sua sobrevivência; dentre estas coisas estavam diversos *feixes* de chuva.

Logo que saíram do palácio, Oxetuá perdeu um dos feixes de chuva e imediatamente começou a chover com muita intensidade sobre a Terra.

A viagem de volta foi rápida, os dois amigos ansiavam por chegarem à Terra, pois deles dependia a sua salvação. Assim sendo, não pararam para descansar, nem para comer, nem sequer para beber água.

Quando Oxetuá aqui chegou, pôde observar que o quiabo, que por ocasião de sua partida não possuía nem duas folhas, já havia produzido 20 sementes. Que ilá iroko, o quiabo escarlate, que não possuía uma só folha em seus ramos, já produzira 30 sementes, e que a palmeira que vivia nas margens do rio Awónrin Mogun já tinha dado vida a 16 novos brotos.[68]

O Axé novamente se expandia sobre a Terra, e o mundo tornou-se, outra vez, aprazível e poderoso. O inhame brotava, o milho transformava-se em ouro e as fêmeas pariam incessantemente, pois o sêmen convertia-se em filhos.

O verde voltava a colorir a superfície da Terra, que antes se encontrava coberta de areia, ressequida e recortada por fendas profundas, implorando pela água que a poderia fertilizar.

---

68. Dos Santos, Juana Elbein, *op. cit.*, p.139 e segs.

Os insetos voavam em nuvens ao redor dos charcos, e os rios corriam velozes sobre seus leitos, entoando cantigas de louvor à vida.

No horizonte, altas montanhas cobriam-se novamente de vapores, fundindo-se com o céu. E as nuvens, nos braços do vento, dançavam a dança das chuvas, que garantia a continuidade da vida.

Borboletas disputavam com as flores campestres em beleza e nuances de cor, tentando todas imitar as vestes de Oxumarê, o arco-íris.

Já no povoado, Oxetuá foi recebido com grandes honrarias. As pessoas, para mostrarem o quanto estavam felizes e agradecidas, encheram-no de presentes, e até um cavalo, símbolo de realeza, lhe foi dado para montar.

Todos queriam agradecer-lhe e mostrar o quanto lhe deviam por tudo o que havia feito em seu favor.

– Você, Oxetuá, foi o único que conseguiu levar a poderosa oferenda ao Orun. Aceite também a minha oferenda! Aceite o meu dinheiro e ajude-me a transportar os meus sacrifícios ao Orun! – bradavam as pessoas comovidas.

E todos os presentes que lhe foram dados, quer fossem alimentos, quer fossem quartinhas com água fresca, quer fossem flores ou animais, Oxetuá ofereceu-os a Exu.

Espantado diante da atitude de Oxetuá, Exu falou:

– Mas como? Há tanto tempo transporto os sacrifícios de todos e nunca me pagaram por isto. Nem sequer se mostraram agradecidos!

A partir de agora, todos os sacrifícios que fizerem sobre a Terra deverão ser entregues a você, Oxetuá, para que os faça chegar até a mim. Se não for desta maneira, as oferendas não serão aceitas e tornar-se-ão inúteis – disse Exu.

E, dessa forma, Exu Odara e o Oxetuá, o 17º Odu de Ifá, por haverem, juntos, salvo a Terra da destruição, se converteram em portadores de todas as oferendas endereçadas ao Orun.

Capítulo 4

O estabelecimento do culto

A partir do sucesso de Oxetuá, as coisas tornaram-se mais tranqüilas.

Os Odus de Ifá, que eram, originalmente, em número de 16, elevaram-se ao quadrado, aumentando para 256, o que sem dúvida, independente de tornar mais complexa a interpretação do Oráculo, tornou-o mais seguro. Cada Odu apresentava, agora, características próprias e inconfundíveis.

Era necessário que se estabelecesse o culto entre os homens para que eles o divulgassem pelo mundo. Exu comunicara a Obatalá as orientações dadas por Olórun, suas misteriosas revelações e a necessidade da criação de um culto entre os seres humanos que, até agora, viviam sem a menor orientação religiosa.

Naquele dia, Obatalá foi pessoalmente à casa de Oxum. Depois de todo o grande mal que ela havia causado ao mundo e que resultou no nascimento do 17º Odu, ela havia reencontrado o caminho do bem, e, por esse motivo, Obatalá lhe confiara a responsabilidade da procriação. Era agora a patrona da gravidez.

Toda a descendência no Aié ficara sob sua responsabilidade. Os fetos humanos, em desenvolvimento, eram colocados sob sua proteção e permaneciam assim mesmo depois de haverem nascido e já se encontrarem aptos para armazenar conhecimentos.

Ela tinha a obrigação de manter, em total segurança, as crianças nos ventres de suas mães, providenciando para que não

Oxum

fossem abortadas ou sofressem qualquer contratempo antes ou durante o parto e, por este motivo, recebeu o título de Olutóju Awón Omó, Aquela que Vela por Todas as Crianças, e Oxum se esmeraria em bem cumprir suas funções.

Da mesma forma, tinha a responsabilidade de velar pela saúde e pela integridade física dos recém-nascidos, até que estes pudessem, por seus próprios meios, reclamar por alimentos e informar a seus pais se estavam sentindo alguma dor, frio ou sede.

– Mojuba, Oxum! Ore yeye ô! – saudou Obatalá, adentrando os aposentos da Bela Senhora.

O grande salão tinha as paredes recobertas por finas lâminas de ouro, em cujas superfícies, arabescos bem desenhados e pintados com uma espécie de esmalte vítreo, de cores vivas, retratavam cenas da criação do mundo, destacando sempre a atuação de Oxum.

Imensas conchas de madrepérola polida, forradas com almofadas de brocado, onde o amarelo predominava em diferentes nuances, faziam as vezes de divãs.

No centro, sobre o chão forrado com peles de animais, uma espécie de mesa baixa sustentava gamelas de ébano, onde uma enorme variedade de frutas encontrava-se ao alcance das mãos.

Vasos de alabastro com alças encastoadas de ouro, deixando entrever licores das mais diversas origens, ladeavam uma grande tigela feita em uma peça única de âmbar, cheia do mais puro mel, alimento preferido da dona da casa.

Comodamente recostada na maior das conchas, Oxum, fronte adornada com uma espécie de tiara de ouro lavrado, de onde lhe caíam, sobre o rosto, pingentes de pérolas miúdas alternadas por cintilantes e transparentes topázios, admirava sua própria beleza refletida em um pequeno espelho de ouro, que carregava, onde quer que fosse.

Uma espécie de gaze transparente encobria seu corpo, escultura de ébano, deixando de fora os seios túrgidos e bem feitos, cobertos por inúmeros colares de grandes bolas de âmbar, amarelas como gemas de ovos, além de inúmeras correntes de ouro cheias de berloques do mesmo metal, incrustados de pedras preciosas de todas as cores.

Inúmeras argolas, também de ouro, cingiam seus braços torneados, dos ombros até os cotovelos. Braceletes não menos valiosos enfeitavam seus pulsos finos e delicados.

– Hekpa Babá! Que o Senhor da Vida seja bem-vindo! – respondeu Oxum sem se mexer do local onde estava. – A que devo a honra de tão importante visita?

– Bem sabes, Oxum, dos problemas que já existiram entre nós e que, usando de sabedoria, pudemos solucionar para o bem da Terra e da humanidade.

Nosso Pai, Olodumarê, orientou-nos, através de Oxetuá, no sentido de que os seres humanos devem oferecer, eles mesmos, sacrifícios para restituir a Natureza uma parte daquilo que consomem e que é por ela produzido.

Todos nós, Orixás e Eboras, já criamos nossos cultos, estabelecendo rituais específicos para cada um deles, mas, como bem sabes, somos nós mesmos que os criamos e os homens não têm acesso a eles.

É chegado o momento de darmos a eles condições de se iniciarem em nossos cultos e, daí por diante, propagá-los pelo mundo, iniciando seus semelhantes e dando a eles cargos sacerdotais com hierarquias bem definidas.

Foi por isto que vim ao teu encontro. Tu fostes a escolhida para selecionar, entre os humanos, um de grande sabedoria, caráter sólido e qualidades excepcionais, para transformá-lo no primeiro sacerdote do Culto dos Orixás.

Ficará ao teu encargo ensinar-lhe nossos ritos e confiar-lhe nossos segredos, para que, no futuro, possa ele fazer o mesmo com outros seres humanos, de forma que o culto se propague e seja mantido através dos tempos.

Deves preparar-te portanto, para esta importante missão que te é confiada. Usa para isto de todos os teus atributos e de todo o teu poder – disse Obatalá.

— Congregarei em um só, os diversos cultos que criamos, e transmitirei a este ser humano especial os seus segredos, seus fundamentos e seus rituais – exclamou Oxum.

Oxum tinha plena consciência da importância da missão que estava agora recebendo de Obatalá. Sabia muito bem que, do seu desempenho, dependeria a sorte do mundo. Os seres humanos precisavam receber instruções religiosas para que pudessem, eles mesmos, oferecer seus próprios sacrifícios de acordo com a vontade do Grande Deus.

Entretanto, não possuía meios para, sozinha, transmitir todos os segredos. Afinal de contas, cada Orixá havia criado o seu próprio culto. Seria necessário, portanto, que todos colaborassem, ensinando ao ser humano seus próprios segredos, suas preferências e seu rituais.

Oxum ofereceu a Obatalá o que havia de melhor em sua dispensa, mas o Orixá Funfun aceitou apenas um pouco de mingau de acaçá e água fresca e, depois de considerar encerrada a sua missão, retornou à sua casa.

Agora – disse Oxum para si mesma – preciso consultar o Oráculo, para saber onde irei encontrar um ser humano com todas as qualidades exigidas para a formação de um sacerdote.

No mesmo dia foi à casa de Orumilá e, lá chegando, foi recebida com honras de rainha.

Orumilá, pessoalmente, veio recepcioná-la na porta da vivenda e conduziu-a ao quarto especial, onde consultava o Oráculo para sua imensa clientela.

O domínio da adivinhação havia feito dele um dos Orixás mais ricos e poderosos sobre a Terra.

Possuía inúmeros escravos e mantinha, para si mesmo, um culto muito fechado, onde, segundo se dizia, eram oferecidos sacrifícios humanos, coisa que Oxum abominava, principalmente quando se tratava do sacrifício de crianças, que, segundo informações de Exu, eram as preferidas pelo deus da adivinhação.

— O que deseja de minha humilde pessoa, a Rainha da Beleza? – perguntou Orumilá em tom adulador.

— Nada que nos diga respeito pessoalmente — respondeu Oxum, derramando charme ao seu redor.

Fui encarregada por Obatalá de uma missão muito importante e preciso da ajuda do Oráculo para que possa encontrar um ser humano de qualidades excepcionais. E, uma vez o tendo encontrado, prepará-lo devidamente para ser o primeiro sacerdote do culto que Olórun quer que seja edificado entre os homens.

— Homem com qualidades excepcionais? — perguntou o adivinho com ar de zombaria. — Então não sabes, Bela Senhora, que os homens são todos uns tolos, egoístas e ignorantes, que dos Orixás só herdam os defeitos?

Honestidade, sinceridade, religiosidade, desapego às coisas materiais, amor aos seus semelhantes, respeito pela natureza... Que homem poderá existir sobre a face da Terra que congregue, em si, tantas qualidades? Será que existe tal homem?

Eu lido diariamente com os seres humanos e, através do oráculo, aprendi a conhecê-los como ninguém. São egoístas, fracos, interesseiros e vis. Só pensam em si próprios, e o que é pior, transferem para seus Orixás a responsabilidade por seus erros e por seus defeitos. Não vês? Se são violentos, atribuem a culpa disso à Ogun. Se são intrigantes, culpam Yemanjá. Se praticam o homossexualismo, atribuem isto ao fato de serem filhos desta ou daquela Iabá. Enfim, são incapazes de assumirem que seus defeitos são frutos de suas próprias opções de vida, e que não cabe a nós, Orixás, a responsabilidade pelos mesmos, embora tenhamos, como eles, nossas próprias fraquezas — disse Orumilá.

— Tens razão, Orumilá, mas, mesmo assim, precisamos encontrar esse homem especial, caso contrário não poderei fundar a nova religião! — falou Oxum.

— Consultemos Ifá, ele dirá onde está esse homem, se é que ele existe... — exclamou Orumilá.

O Oráculo então foi consultado, e, na consulta, surgiu o Odu Osáyekú, formado pela interação de Osá com Oyeku.

Depois de fazer a saudação de praxe, batendo com seu irofá na borda do tabuleiro divinatório, Orumilá ficou por muito tempo observando o signo que lhe aparecera.

— Este Odu fala de alguém que é esperado e a quem será dado o domínio sobre a Terra.

Foi neste caminho que Olôfin repartiu tudo o que criou entre os Orixás. A pessoa em questão deve oferecer sacrifícios e cultuar a todos os Orixás, por toda a sua vida. Sua sorte será magnífica e seu nome se tornará imortal!

O ser humano que buscamos existe! É um menino nascido em Oxogbô, há sete anos, filho de um caçador e de uma mulher de descendência nobre – concluiu Orumilá.

No dia seguinte, Oxum enviou um emissário aos pais da criança que, uma vez inteirados da escolha, enviaram seu filho para que, vivendo em companhia de Oxum, pudesse ser iniciado nos mistérios do culto.

E ela preparou o menino que, realmente, possuía a necessária vocação sacerdotal. Durante sete anos ensinou-lhe a maneira correta de evocar o Axé de cada Orixá, de apaziguá-lo e de torná-lo propício para o desenvolvimento da humanidade.

Ao fim de sete anos de penoso aprendizado, em cerimônia pública e na presença de todos os Orixás, o menino recebeu das mãos de Obatalá uma cabaça que continha os diversos símbolos da sua nova posição, o Ade Iká, a Coroa do Poder.

O menino transformou-se em um sacerdote ao qual foi dado o título de Babaloxá, Pai que Possui os Orixás, e todos eles lhe ensinaram a forma correta de serem reverenciados e cultuados pelos homens.

Ossâim revelou-lhe os segredos das folhas, sua magia e medicina.

Nanã e Obaluaê ensinaram-lhe o controle sobre Arun, a Moléstia, que sempre precedia a chegada de Iku.

E, assim, com a colaboração de todos, Babaloxá ficou sendo o mais poderoso dentre os homens. Somente Orumilá negou-se a transmitir-lhe os segredos de Ifá.

— Iyátemí!...[69] queixava-se o sacerdote. –... de que forma poderei eu e aqueles a quem ensinar os segredos que me foram

---

69. Minha mãe.

confiados, saber que tipo de mal aflige nossos seguidores, se não podemos acessar os segredos do Oráculo? Como convencer a Orumilá de que este conhecimento é imprescindível para a sustentação do culto? Que sem ele estaremos irremediavelmente impossibilitados de estabelecermos contato com os seres do Orun?

Oxum ouvia e, por mais que buscasse, não encontrava solução para o problema. Sabia que Orumilá era irredutível em suas decisões e que estava organizando, para si próprio, um culto independente do culto dos Orixás.

E, resolvida a solucionar o problema, Oxum retornou à casa de Orumilá.

Recebida com toda a pompa, Oxum deixou que o Babalaô a envolvesse em elogios e insinuações amorosas. O poderoso adivinho estava perdidamente apaixonado por ela, e talvez fosse este o caminho para conseguir o que pretendia, as núpcias.

Ora, afinal de contas, aquele era o Senhor da Sabedoria e, desta forma, nenhum outro conheceria os segredos do amor como ele. Além disso, era rico, poderoso e influente. Por que não tirar vantagem disto? Só faltava agora que a proposta de casamento fosse efetivada.

E Oxum, mais uma vez, fez valer seus poderes de feiticeira. Antes de sair de casa banhou-se com ervas aromáticas, especialmente colhidas e preparadas por Ossâim. Além disso, havia passado nos bicos dos próprios seios um pouquinho de mel e, dessa forma, nenhum Orixá poderia resistir aos seus encantos.

E não tardou muito para que Orumilá, depois de declarar todo o seu amor, a pedisse em casamento.

— Muito me honra o teu pedido, Senhor do Ifá. Contudo, para aceitá-lo, devo impor as minhas condições – disse ela.

— E quais são elas, Oxum? Por certo irei aceitá-las sem restrições! – falou Orumilá.

— Em primeiro lugar, depois de casada, continuarei a viver em meu próprio solar, permitindo que pernoites em minha companhia apenas quando isto me for conveniente.

Em segundo lugar, não poderão existir segredos entre nós. Eu te direi tudo a meu respeito e, da mesma forma, tu me confiarás todos os teus segredos.

Em terceiro lugar, exijo que me seja dado um cargo e um título de grande importância no teu culto particular – finalizou Oxum.

Orumilá havia criado uma espécie de sociedade patriarcal, orientada por regulamentos rígidos e na qual as mulheres não tinham acesso. Somente os homens, os quais selecionava pessoalmente, podiam ser iniciados, e só depois da iniciação submetiam-se ao processo de aprendizado do oráculo, dos 256 Odus, de seus itans e esés.[70]

Estes sacerdotes a quem Orumilá denominava Babalaôs[71] tinham o poder de conhecer o destino de um ser humano, mesmo antes do seu nascimento, e podiam ensinar a essa pessoa a controlar o seu destino, evitando o mal que nele estivesse determinado através da observação de proibições alimentares ou de caráter comportamental ou ritualístico. Sem dúvida, esses sacerdotes acumulavam um poder maior do que o do culto dos Orixás.

Levavam apenas uma desvantagem. Para que pudessem ser aceitos na sociedade tinham de substituir o culto aos seus próprios Orixás pelo de Orumilá, não podiam *fazer* Orixá em quem quer que fosse.

Dizem que um homem apaixonado perde grande parte da condição de raciocinar com clareza, e Orumilá, embora não fosse um homem e sim um Orixá, tinha todos os defeitos e qualidades do ser humano.

Sem refletir, guiado pelo impulso do macho que busca a fêmea movido pela paixão, o Senhor de Ifá aceitou as condições impostas por sua amada, sem avaliar os problemas que poderiam advir de sua atitude impensada.

---

70. Os itans e esés são textos através dos quais os ensinamentos de todas as espécies são preservados e transmitidos, sempre oralmente e de forma poética. Atualmente, inúmeros estudiosos têm compilado esses textos, tentando, desta forma, resgatar a principal fonte de referência da cultura nagô.
71. Pai que possui o segredo.

E, naquela mesma noite, a união se consumou. Oxum entregou-se por inteiro a Orumilá, que a possuiu ardentemente.

Poucos dias depois, Orumilá, encontrava-se reunido com seu corpo sacerdotal, instruindo seus seguidores sobre os mistérios de Ifá, quando Oxum, sem sequer pedir permissão, adentrou o Igboduifá.

– O que fazes aqui Oxum? Não sabes que às mulheres é vedado penetrar neste lugar? – perguntou Orumilá.

– Me parece que já te esqueceste de tua promessa feita para que eu consentisse em te aceitar como esposo. Por acaso não ficou acertado entre nós que eu não só seria admitida no teu culto, como também receberia nele um cargo de grande importância? – interrogou Oxum.

– Sim, é verdade, e não costumo faltar com minha palavra. Já que estás aqui, serás submetida à iniciação, que pela primeira vez será dada a uma pessoa do teu sexo – disse Orumilá.

Orumilá então, com a ajuda dos seus sacerdotes, iniciou Oxum no Culto de Ifá, entregando-lhe uma cabaça com um único ikin e conferindo-lhe o título de Iyapetebi.[72]

– Agora pertences ao nosso Culto. Como te prometi, concedo-te o título e o cargo de Iyapetebi, que te dá o direito de participar da primeira parte da consagração dos nossos sacerdotes.

Ficarás encarregada de providenciar as comidas que me serão oferecidas, assim como de cozinhar as carnes dos animais que para mim forem sacrificados. Não poderás, no entanto, acessar os segredos dos 256 Odus Ifá. Isto porque já és demasiadamente poderosa e, de posse destes conhecimentos, imporás de tal forma teu poder sobre os homens que o mundo viverá em constante desequilíbrio.

Os meus sacerdotes curvar-se-ão sempre diante do poder que possuis, e que garante a geração de todos os seres vivos sobre o planeta. Agora, aquieta-te, já fazes parte do culto, embora não possuas Ifá! – disse Orumilá.

---

72. O mesmo título dado às sacerdotisas do culto de Orumilá é legitimamente conferido às mulheres dos Babalaôs, independente de serem ou não iniciadas.

Sentindo-se lograda, Oxum protestou:

— Mas prometeste revelar-me todos os teus segredos! Como, então, ousas sonegar-me o conhecimento sobre os Odu Ifá? – falou Oxum indignada.

— Estes segredos não são meus, não me pertencem, mas sim ao Oráculo, do qual sou o guardião! Bem sei, Oxum, quais são tuas verdadeiras intenções, portanto, não insistas, nada te revelarei sobre Ifá – concluiu Orumilá.

Compreendendo que a decisão de seu marido era irreversível, Oxum fingiu conformar-se com ela. De uma forma ou de outra, fazia parte agora do Culto de Orumilá, o resto iria depender apenas de sua astúcia, e astúcia era coisa que não lhe faltava.

Depois de muito pensar, Oxum arquitetou um plano para solucionar, mesmo que parcialmente, o problema que tinha em mãos.

Conhecia muito bem o caráter ambíguo de Exu, e de suas ligações com Orumilá, e seria por aí que chegaria aos seus objetivos.

Um banquete foi preparado em honra de Exu que, vaidoso como era, apresentou-se completamente paramentado.

Durante o jantar, muita aguardente foi servida e, antes de certificar-se de que seu conviva já estava completamente embriagado, Oxum não tocou no assunto que motivara tão insólita comemoração.

Quando sentiu que Exu já se encontrava suficientemente ébrio, Oxum abriu falação.

— Exu, gostaria de te propor um negócio. Bem sei o excelente negociante que és, e não me atreveria a propor-te nada que não fosse vantajoso para ti – começou Oxum.

— Do que se trata, minha senhora? Que tipo de vantagens tens a me oferecer, e o que devo fazer para merecê-las? – perguntou Exu.

— Sabes perfeitamente que, por ordem de Obatalá, estabeleci – entre os homens – um culto em nossa honra, no qual és constantemente preceituado.

Todos os Orixás colaboraram, passando para nossos sacerdotes os ensinamentos necessários para a edificação do culto. Até mesmo Ossâim, tão zeloso de suas folhas, transmitiu os segredos das ervas aos nossos sacerdotes.

Orumilá, no entanto, nega-se categoricamente a permitir que os segredos do Oráculo de Ifá sejam por eles conhecidos e, sem um sistema divinatório, de que forma poderão eles, simples seres humanos, estabelecer contato conosco, conhecer nossos desejos e seguir nossas orientações? – perguntou ela astutamente.

– Tens razão, Oxum. Se os sacerdotes do Culto dos Orixás não têm um sistema oracular através do qual possam manter contato permanente conosco, encontrarão sérias dificuldades para manter a integridade do culto – afirmou categórico Exu.

– Pois é aí que tu entras. Quero que roubes, e passes para as minhas mãos, os segredos dos Odus. De posse destes segredos ensinarei aos meus sacerdotes e sacerdotisas de que forma deverão acessar o Oráculo – disse ela.

– Verei o que posso fazer, mas, com certeza, amanhã pela manhã o problema estará resolvido – afirmou Exu.

No dia seguinte, mal nascera o Sol, Exu bateu às portas de Oxum. Trazia consigo um pequeno baú de madeira e uma esteira enrolada embaixo do braço.

– Aqui está o que me pediste, Senhora do Mel – disse ele.

– Deixa-me ver, Exu, não imaginas o quanto estou ansiosa! – falou Oxum vibrando.

– Vamos com calma! Como bem disseste ontem, sou um bom negociante, e, antes de entregar-te a encomenda, quero apresentar o meu preço – disse Exu.

– E qual é o teu preço? Fala! Estou disposta a pagar! – perguntou Oxum.

– Não te caberá o ônus do meu preço e, sim, a tantos quantos consultarem o Oráculo! – disse Exu.

– Como assim? Todos ficarão em débito contigo? – perguntou mais uma vez Oxum.

— Todos aqueles que fizerem uso do novo sistema oracular que criei para ti arcarão com o débito. Sempre que alguém me consultar através deste Oráculo, quer seja por problemas de ordem espiritual, quer seja de ordem material, determinarei sacrifícios que me serão oferecidos para que seus males possam ser aliviados. Mesmo quando os sacrifícios exigidos se destinarem a outros Orixás, ou para Egun, ou mesmo para Ipori, deverei ser aquinhoado com uma parte deles, caso contrário não permitirei que cheguem aos seus destinatários.

É este, Doce Senhora, o preço dos meus serviços — disse Exu.

— Concordo com tuas imposições, Exu. Mas, se ouvi bem, disseste que criaste um sistema oracular novo. Explica-me, então, como funciona — quis saber Oxum.

— Orumilá não permite, como sabes, que mulheres e homossexuais façam uso dos ikins ou do opelé. Não poderia eu entrar em choque com ele, passando-te os segredos referentes a estes métodos de adivinhação. Por esse motivo, criei um sistema novo, que poderá ser acessado por qualquer um, bastando, para isto, que a pessoa tenha sido iniciada no Culto aos Orixás e que receba, por meio de cerimônia específica, autorização para utilizá-lo.

No novo método, que agora passo a tuas mãos, serão utilizados cauris em substituição aos ikins e ao rosário opelé. Através destes cauris, o adivinho poderá identificar a presença de um dos 16 Odu Meji no decorrer da consulta e, com o conhecimento adquirido por meio de muito estudo e dedicação, interpretar as mensagens contidas nele e estabelecer, por meu intermédio, diálogo com qualquer entidade do Mundo Espiritual — explicou Exu.

— Mas já faz muito tempo que Orumilá utiliza-se dos 240 Omó Odus, que resultaram da interação dos 16 Odus primordiais... — falou Oxum.

— Sim, mas deves lembrar-te que isto ocorreu somente depois do evento no qual surgiu o primeiro Omó Odu, Oxetuá, e que contou com a tua participação direta. Antes disso, Orumilá adivinhava por meio dos 16 Odu Meji, e nem por isto se pode acusá-lo de haver falhado em suas predições. Deves, portanto, satisfazer-te com o que te ofereço, pois é tudo o que posso dar – explicou Exu.

– Ensina-me, então, o novo método que criaste para meu uso e o dos sacerdotes do nosso culto – pediu Oxum.

– No jogo deverão ser utilizados 21 búzios, devidamente consagrados por ritual, alguns outros objetos, aos quais dei o nome de igbos, que significa mistério. Estes objetos servirão apenas para assinalar o tipo de problema que o consulente está vivendo, além de servir de orientação para as respostas que darei às perguntas que me fizerem durante a consulta – continuou Exu.

– E de que forma poderemos identificar o Odu que estará se apresentando na consulta? – perguntou Oxum.

– Para isso, estabeleci um código. Cada Odu será identificado de acordo com o número de búzios que, caindo com sua fenda natural virada para cima, for considerado *aberto*. Serão, portanto, identificados da forma que se segue e que deves memorizar perfeitamente:

Com um único búzio aberto, é Okanran que estará respondendo; com dois, Ejioko que corresponde, em Ifá, a Oturukpon Meji; com três, é Età Ogundá, nome que inventei para Ogundá Meji. Com quatro búzios abertos identificarás a presença de Irosun Meji; com cinco, Oxe Meji, Odu através do qual falarás com muita freqüência, exprimindo tua vontade e determinando que o consulente é teu filho. Presta atenção no que agora te ensino, Oxum, pois não repetirei nada do que estou dizendo!

Quando caírem seis búzios abertos, teremos Obará Meji como responsável pela consulta; com sete, será constatada a presença de Odi Meji e, com oito, Ejionile, nome que criei para Ejiogbe, o Odu de Obatalá.

Nove abertos identificarão Osá Meji. Com dez será visto Ofun Meji, pai de Ejiogbe e mãe de todos os outros Odus, portador de um grande mistério que envolve o segredo das origens de Olodumarê que por intermédio dele estabelecerá comunicação em condições especialíssimas com os seres humanos. Este Odu é de tal importância que, todas as vezes que surgir em uma consulta, deverá ser saudado respeitosamente. O adivinho deverá soprar por três vezes a palma da mão direita estendida e exclamar: "Hekpa Babá!", em sinal de respeito e temor diante de tamanho poder.

Com 11 búzios abertos será identificada a presença de Owónrin Meji; com 12, Ejilaxebora, nome que criei para identificar Iwori Meji, o quarto Odu no elenco de Ifá.

Quando 13 búzios caírem abertos entre os 16, estaremos diante de Ejiologbon, que corresponde a Oyeku Meji, que determina as mudanças inevitáveis que podem ser provocadas até mesmo pela ação de Iku.

Quatorze abertos assinalarão Iká Meji; 15 abertos identificarão Obeogundá, que em Ifá é Irete Meji, e 16 búzios abertos assinalarão a presença de Alafia, conhecido pelos Babalaôs como Otura Meji, que representa a minha própria boca, que fala do bem e do mal com a mesma intensidade – explicou Exu.

– E quando os 16 búzios caírem fechados, que Odu teremos? – perguntou Oxum.

– Por meio desta caída, nenhum Odu será identificado. Sou eu mesmo ordenando que o jogo seja fechado imediatamente. Significará sempre um mau presságio. Quiçá a morte de alguém. Neste caso, a determinação é irrevogável, o mal não poderá ser evitado e, assim sendo, de que adianta prever um acontecimento nefasto, se nada se pode fazer para evitá-lo ou sequer aliviá-lo? O que tiver que acontecer, acontecerá, e, não havendo remédio, é melhor que não se saiba, para que não se sofra por antecipação – disse Exu.

– És sábio, Exu, és muito sábio! Mas esclarece-me sobre outra coisa. Disseste que o jogo é composto de 21 cauris, mas discorrestes apenas sobre 17 caídas, os 16 Odus e Opirá. E os demais, como ficam? – perguntou Oxum.

– Vejo que estás realmente atenta Iyatemi. Se só descrevi 17 caídas é porque, dos 21, somente 16 cauris serão utilizados no decorrer da consulta, cinco deles serão apartados, aleatoriamente, durante a evocação, que deverá ser feita antes de se utilizar o Oráculo. Esta evocação será sempre, caso contrário, a comunicação comigo e com as demais entidades não será estabelecida.

Serão apartados, cobertos por uma cabacinha, e ali permanecerão até que termine a consulta. Estes búzios serão as testemunhas, junto a Orumilá, do procedimento do adivinho diante do Oráculo. Se age com honestidade ou se se utiliza dele para enganar e roubar aqueles que procuram a sua ajuda – respondeu Exu.

– E se o adivinho estiver usando o Oráculo apenas para auferir vantagens, sem se preocupar em ajudar realmente a quem o procurar? – voltou a perguntar Oxum.

– Aí serei autorizado pelo próprio Orumilá a impor o castigo que bem entender ao malfazejo. E bem sabes de que forma costumo agir quando estou irado...! – disse Exu, e, continuando:

– Agora, Oxum, quero que te ponhas de pé e que pegues a cabaça onde estão os búzios e os igbos que pessoalmente consagrei.

Respeitosamente Oxum ergueu-se e pegou a cabaça com os apetrechos do novo Oráculo.

– Ergue-a acima de tua cabeça, vira-te de frente para o Este e apresenta-a a Ejiogbe fazendo sua saudação. O Este, onde nasce o Sol, é a morada de Ejiogbe – ordenou Exu.

O momento era muito sagrado, e Oxum cumpriu à risca as orientações de Exu.

– Agora vira-te para o Norte e saúda Odi Meji, da mesma forma que fizeste em relação a Ejiogbe – continuou Exu.

Assim foi feito, e, em seguida, foi a vez de Oyeku Meji, no Oeste, onde o Sol se põe e, por último, virada para o Sul, apresentou seu jogo para Iwori Meji.

– Agora, Oxum, deposita a cabaça com teu jogo aos meus pés e senta-te diante de mim – falou novamente Exu.

Sentando-se na esteira, Exu pegou, com a mão direita, cinco búzios de dentro da cabaça e, entregando-os à Oxum, falou: – Com cinco se ordena Ifá!

Depois, pegando outros cinco com a mão esquerda, entregou-os enquanto dizia: – Dez vivificam Ifá!

Pegando três búzios, Exu falou, enquanto os passava às mãos da Orixá – Três juntos indicam o caminho!

Enquanto entregava dois búzios com a mão esquerda, Exu sentenciou – Duas figuras assinalam Ifá!

Mais uma vez Exu pegou um único búzio, de dentro da cabaça e, dando-o a Oxum assim falou – Um só realiza a magia sobre a Terra!

Finalmente, Exu retirou os cinco búzios que restavam e, entregando-os à Bela Senhora, disse – Cinco são os vigias do poder de Ifá sobre o mundo!

Em seguida, unindo as mãos de Oxum e fechando-as em torno dos 21 cauris, Exu terminou a cerimônia dizendo – De um lado para o outro os inimigos serão destruídos!

Oxum curvou-se emocionada e agradeceu: – Adukpé ô, Senhor dos Caminhos, eu te apresento as minhas reverências! Agora, o Culto dos Orixás poderá ser praticado com total segurança, pois já temos os meios para que o homem possa contatar os deuses – finalizou Oxum.

– Os deuses e os demônios –, acrescentou Exu com o ar zombeteiro que lhe era peculiar, e que não dispensava nem nos momentos de maior circunspecção.

Oxum estava especialmente feliz. No dia seguinte mesmo, seguindo as orientações de seu aliado, entregou o jogo para seu Babaloxá, dentro dos mesmos preceitos que recebera, outorgando-lhe, também, o direito de passá-lo a outros iniciados.

Desta forma estava garantida a propagação do novo sistema oracular que Exu criara especialmente para ela, Oxum, a fundadora e primeira sacerdotisa do Culto aos Orixás.

O tempo, se não exercia sua influência sobre os Orixás, era implacável com os humanos.

O menino que Oxum adotara e a quem iniciara, ensinando todos os segredos e rituais do culto, tornara-se um ancião.

Dedicado às coisas da religião, e de ilibada postura sacerdotal, propagou o culto durante sua vida, aperfeiçoando-o e adaptando-o às condições humanas, observadas suas limitações.

Naquele tempo era permitido aos homens possuírem tantas esposas quantas pudessem sustentar, e Babaloxá possuía muitas mulheres, às quais tratava com muita equanimidade e, viril como era, havia produzido uma prole imensa. Não se pode assegurar, até hoje, quantos filhos ele deixou sobre a Terra, mas sabemos que sua descendência espalhou-se até os mais distantes rincões.

Todavia, o tempo é impiedoso e o Grande Sacerdote, submetido à sua ação, havia transformado-se num ancião que mal podia caminhar de tão enfraquecido.

Foi então que Oxum se deu conta de que aquele homem, por mais especial que fosse, era apenas um homem, e como tal estava condenado a um dia ser levado por Iku.

Mas Oxum nunca deixava nada acontecer naturalmente. Não admitia que seu sacerdote viesse a morrer como todos os seres terrenos. Não ele, uma pessoa especial, seu preferido entre todos os humanos.

Alguma coisa tinha que ser feita, Babaloxá não podia morrer...

Assim pensando, Oxum foi visitar Obatalá, na esperança de que o Grande Orixá do Branco interviesse em seu favor, impedindo que Iku ceifasse a vida de seu pupilo.

Mas, qual não foi a sua decepção, ao ouvir da boca do *Senhor da vida* que nada poderia ser feito!

— Filha, não posso, por maior que seja o meu poder sobre a vida e a morte, mudar os desígnios de Olórun. Os homens nascem para morrer um dia, e quando um Ipori recebe permissão para nascer no mundo material, a data exata de sua morte já está estabelecida de acordo com seu iwá [73] e as determinações de seu Odu.

---

73. Destino. O odu pessoal não representa o destino do indivíduo. Age como uma espécie de balizamento, assinalando tendências para diferentes práticas. Estas tendências estão, por sua vez, sujeitas ao livre arbítrio. Cada ser humano pode ou não praticar aquilo que está determinado por seu Odu individual. A opção cabe exclusivamente a cada um.

Não disponho de meios para tanto, querida. Todos os seres terrestres devem morrer um dia, e com Babaloxá não é diferente. Seus invólucros carnais são frágeis e não foram planejados para subsistirem por muito tempo. Desgastam-se, tornam-se fracos e incapazes de cumprirem as mais elementares funções fisiológicas, então Iku os recolhe e devolve à Terra.

Apenas o Ipori sobrevive para renascer em outro corpo. Assim foi determinado por Olodumarê.

Oxum, inconformada, debulhava-se em lágrimas. As razões apresentadas por Obatalá eram mais do que suficientes para convencê-la, tinham lógica, fundamento, mas mesmo assim ela não se conformava.

– E não haverá um meio, Babá, de conservá-lo entre nós, nem que seja como um símbolo que o represente? Como será possível aos seres humanos proceder ao nosso Culto sem a sua presença, sem a sua força, sem o seu saber? – perguntou Oxum.

– Espera, Oxum! Não posso interferir no processo de vida e morte, mas tenho, como tu mesma tens, poderes para criar e consagrar símbolos que perpetuem um ser. Que o represente em qualquer situação e que possa ser renovado constantemente. Um símbolo vivo de alguém que já morreu! – respondeu Obatalá, e continuou.

– E este símbolo deverá participar de todos os rituais em nossa honra! E representará, com sua presença, não só a presença de teu pupilo, como também de todos aqueles que um dia receberam o sagrado Oxu, que estabelece a aliança firmada entre o iniciado e seu Orixá! Um símbolo que possa representar também a Terra, onde habitam seus corpos depois de levados por Iku!

– A galinha d'angola!, gritaram em uníssono.

Oxum providenciou, imediatamente, uma galinha d'angola, que naquele tempo era inteiramente preta, e Obatalá soprou sobre ela pó de efun, pintalgando-a de branco como hoje ela é. Oxum, então, modelou, com manteiga de ori da costa, um cone ao qual acrescentou diversos componentes mágicos, e fixou-o sobre a cabeça da ave, dando a ela o status de adoxu,[74] que distingue os iniciados no Culto aos Orixás.

Naquele mesmo dia Iku foi buscar Babaloxá, e Obatalá sentenciou diante do seu cadáver:

— A partir deste dia, serás representado, em todos os rituais, por Etu , a galinha d'angola. Qualquer ritual em que ela não estiver presente, não será por nós validado. Esta ave é, a partir de agora, o símbolo dos iniciados do qual foste o precursor e, por isto, nascerá provida de Oxu e da pintura de efun que é feita em minha honra!

É por isto que, ainda hoje, a galinha d'angola deve estar presente em todas as cerimônias em honra aos Orixás, e uma parte dela compõe o Oxu, que é colocado sobre a cabeça do neófito na hora de sua iniciação.[75]

---

74. Aquele que possui Oxu.
75. PESSOA DE BARROS, J. Flávio. In: *A galinha da Angola*. Rio de Janeiro: Pallas, 1993.

Capítulo 5

A vingança de Orumilá

Quem não ficou muito satisfeito com o roubo dos segredos dos 16 Odu Meji foi Orumilá, que, embora sabendo das intenções de sua mulher, ficou estarrecido ao tomar conhecimento da participação de Exu.

— Isto é que dá confiar nos outros! –, exclamava para si mesmo. — Mas é bem feito para mim! Quando é preciso consultar o Oráculo para os outros estou sempre pronto, mas quando se trata de consultá-lo para mim mesmo fico adiando, adiando, e o resultado é esse: sou enganado e roubado dentro de minha própria casa por minha mulher com a ajuda do meu maior amigo!

Enfurecido, o adivinho foi em busca de Exu para dizer-lhe umas verdades e, quem sabe, puni-lo de forma exemplar.

A residência de Exu era muito modesta, em nada condizente com sua importância e sua riqueza. Uma pequena tapera de um só cômodo, coberta de palha, lhe servia de abrigo. No interior da choupana, inúmeros vasilhames de barro, cabaças, galhos de árvores litúrgicas, penas e peles de animais podiam ser encontrados espalhados pelo piso de terra batida ou pendurados nas paredes de argila seca.

Presos à porta de troncos finos amarrados com embira, inúmeros amuletos confeccionados com chifres de diferentes animais, revestidos de palha trançada, adornados de penas ou simplesmente pintados com tinturas naturais, acrescentavam ao ambiente de desordem um ar de mistério.

Além de uma abertura retangular existente na parede ao lado da porta, a única fonte de luz era uma espécie de lamparina feita com um prato de cerâmica sobre o qual cacos de algum objeto do mesmo material comprimiam uma torcida de algodão, onde uma bruxuleante chama fumacenta era alimentada pelo azeite-de-dendê contido dentro do prato.

Um cheiro nauseabundo impregnava todo o ambiente onde Exu vivia e recebia parte dos sacrifícios que lhe eram destinados.

Apesar da péssima aparência, da desordem e do mal cheiro, tudo era impecavelmente limpo. Nada de lixo, nada de coisas em decomposição. Afinal de contas, Exu, apesar de desorganizado, detestava sujeira!

Quando Orumilá chegou, o dono da casa, que já o aguardava, recebeu-o cheio de exageradas gentilezas.

– Boru, Boiye ô! – disse Exu, tocando o solo com as pontas dos dedos das duas mãos, em profunda reverência ao ilustre visitante.

– Boxexê ô! – Respondeu Orumilá, de cara amarrada. – Venho aqui para que me prestes conta da traição de que fui vítima. Diga-me, Exu, com que direito surrupiastes de mim e destes a Oxum, o segredo dos 16 Odu Meji? Com que direito, ainda, criastes para ela um novo método de adivinhação utilizando cauris, de modo que ela possa concorrer comigo na arte de adivinhar? Afinal de contas, Exu, o que ganhaste com isso? Por acaso não foste sempre bem remunerado nos serviços que me prestaste? Por acaso, algum dia, falhei contigo de alguma forma? – perguntou Orumilá.

– Claro que nunca falhastes comigo, meu poderoso Senhor! Claro que sempre fui muito bem pago pelos serviços prestados. Até por que, sabes muito bem, nada faço sem cobrar, seja lá para quem for! – respondeu Exu, e continuou. – O que ganhei com isso? Ganhei a certeza de estar evitando que os sacerdotes do teu culto continuem a explorar e a manipular aqueles do culto de todos os Orixás!

Perguntas-me também sobre o direito de fazer o que fiz, devo lembrar-te de que, se hoje és o detentor do poder sobre os

16 Odu Meji, deves a mim este privilégio, ou por acaso te esquecestes da forma como adquiristes este poder? – perguntou Exu.

Mais calmo, aceitando a meia cabaça com água fresca que lhe estendia seu interlocutor, Orumilá acomodou-se sobre uma esteira estendida no chão e se pôs a lembrar daquilo a que Exu estava agora se referindo.

Sua memória reportou-se a um passado remoto, em um tempo em que todos eles eram ainda muito jovens e, como qualquer jovem, andavam em busca da realização de seus anseios e da conquista do poder e do reconhecimento por parte de Olórun que, para tanto, sempre os deixara à vontade.

Desde muito jovem, Orumilá ansiava pelo saber, e foi informado de que, para obtê-lo, deveria conquistar os favores de uma musa chamada Sabedoria, que se encontrava encarcerada em algum lugar na imensidão do Orun.

Disposto a atingir seu objetivo, reuniu seus poucos recursos e partiu sozinho, numa aventura cujas conseqüências não podia avaliar. De concreto, sabia apenas que muitos outros já haviam partido com a mesma intenção e que jamais haviam retornado, o que significava que haviam sucumbido na mesma tentativa.

Depois de já haver caminhado por muitos dias no interior de uma floresta onde acreditava existir um palácio no qual estaria aprisionada a musa Sabedoria, encontrou um mendigo que, estendendo-lhe a mão, pediu um pouco de comida.

Metendo a mão em seu embornal, dele retirou um pequeno saco com um pouco de farinha de inhame, que era tudo o que tinha para comer, e, de uma pequena cabaça que levava pendurada à cintura, um pouco de azeite-de-dendê, misturando tudo e dividindo com o mendigo, comendo, ele mesmo, uma pequena parte do alimento.

Depois de alimentar-se, o mendigo, sem revelar o seu nome, ofereceu ao jovem, em sinal de agradecimento, o bastão de marfim entalhado, dizendo – Bem sei o motivo pelo qual penetrastes nesta floresta. Segue somente tua intuição, deixa-te guiar pela vontade de vencer e, em breve, irás deparar-te com uma enorme construção de pedra na qual entrarás com muita facilidade. Os perigos com os quais iras te defrontar estão em seu interior, portanto, presta atenção no que agora vou te dizer.

Com este bastão de marfim, denominado lrofá, deverás bater em cada uma das portas dos 16 quartos do palácio, pois só assim elas se abrirão.

Do interior de cada quarto ouvirás uma voz que te perguntará: "Quem bate?" E tu te identificarás dizendo que és Ifá, o Senhor do lrofá. A voz perguntará então o que estás procurando, e tu dirás, estando diante da porta do primeiro quarto, que desejas conhecer a vida e que queres conquistá-la em nome de Ejiogbe. A porta então se abrirá e conhecerás os mistérios da vida que pertencem a Ejiogbe, o primeiro dos 16 Odus de Ifá.

No segundo quarto, quando a voz te perguntar o que desejas, depois de haveres te identificado como da forma anterior, dirás que desejas conhecer Iku, a Morte, e que queres dominá-lo. A porta se abrirá e conhecerás a morte, seus horrores e mistérios, que pertencem a Oyeku Meji, o segundo Odu de Ifá. Se não demonstrares medo em sua presença, haverás de adquirir domínio absoluto sobre ele, o que no futuro será de grande utilidade na missão que te reserva o destino.

Na terceira porta encontrarás um guardião denominado Iwori Meji, que, depois de reverenciado, te colocará diante dos olhos os mistérios da vida espiritual e dos nove Oruns, onde habitam deuses, demônios e todas as classes de espíritos que irás conhecer de forma íntima, descobrindo seus gostos e a maneira correta de apaziguá-los.

Na quarta porta, reclamarás por conhecer o jugo da matéria sobre o espírito, e o guardião desta porta, Odi Meji, a quem deverás demonstrar respeito sem submissão, te ensinará tudo o que for concernente à questão. É necessário que não te deixes encantar pelas maravilhas e pelos prazeres que se descortinarão diante dos teus olhos, pois podem escravizar-te para sempre, interrompendo a tua busca. Lembra-te ainda que a matéria que sequer foi criada, dominará o universo.

Já na quinta porta, quando fores indagado, dirás que procuras pelo domínio do homem sobre seus semelhantes, pelo do uso da força e da violência, da tortura e do derramamento de sangue. Aprende tudo o que Irosun Meji, o gênio que ali encontrarás, tem para te ensinar. Mas não utilizes jamais as técnicas ali reveladas, para não te tornares, tu mesmo, uma vítima delas. Aí tomarás conhecimento dos planos de Olórun em relação à criação de um ser dotado de corpo material.

Na sexta porta serás recepcionado por um gigante do sexo feminino, que saudarás pelo nome de Owónrin Meji, e a quem solicitarás ensinamentos relativos ao equilíbrio que deve existir no Universo, e então compreenderás o valor da vida e a necessidade da morte. O mistério que envolve a existência das montanhas e das rochas. Ali serás tentado pela possibilidade de obter muita riqueza, mulheres, filhos e bens inenarráveis. Resiste a essas tentações ou verás tua vida ser reduzida a uns poucos dias de luxúria.

Agora já estarás diante da sétima porta. O habitante deste quarto chama-se Obara Meji, é velho e de aparência bonachona. Poderá te ensinar prodígios de cura e soluções para os problemas mais intrincados. Dará a ti a possibilidade de realizar todos os anseios e os desejos de realização humanas. Toma cuidado, no entanto, pois o domínio destes conhecimentos pode conduzir-te à prática da mentira, à falta de escrúpulos e à loucura total.

No oitavo aposento deverás solicitar a permissão de Okanran Meji para conheceres o poder da fala humana, que infelizmente será sempre muito mais usada na prática do mal do que do bem. Este guardião te falará em muitas línguas e de sua boca só ouvirás queixas e lamentações. Aprende depressa e foge rápido deste local, onde impera a falsidade e a traição.

Diante da nona porta pedirás permissão ao seu guardião, Ogundá Meji, para conheceres a corrupção e a decadência, que podem levar o ser humano aos mais baixos níveis de existência. Naquele quarto, encontrarás todos os vícios que assolarão a humanidade e que a escravizarão em correntes inquebrantáveis. Verás o assassinato, a ganância, a traição, a violência, a covardia e a miséria humana, brincando, de mãos dadas, com muitos infelizes que se tornaram seus servidores.

No décimo aposento, deverás apresentar reverências a uma poderosa feiticeira, cujo nome é Osá Meji. Ela vai ensinar-te o poder que a mulher exerce sobre o homem e o por que deste poder. Conhecerás seres portentosos que funcionam na prática do mal. Todos os demônios denominados Ajés se curvarão diante de ti e te oferecerão seus serviços maléficos que, caso aceites, farão de ti o ser mais poderoso e odiado sobre a face da Terra. Aprenderás a dominar o fogo e a utilizar o poder dos astros sobre o que acontece no mundo, principalmente a influência da Lua sobre os seres vivos. Cuida para que estes conhecimentos não te transformem num bruxo maldito.

Bate agora teu Irofá na 11ª porta e a voz de seu guardião, Iká Meji, o gigante em forma de serpente, te fará estremecer. Saúda-o respeitosamente e solicita dele permissão para descortinar o mistério que envolve a reencarnação, o domínio sobre os espíritos Abiku, que nascerão para morrer imediatamente. Aprende a dominar esses espíritos e, dessa forma, poderás livrar muitas famílias do luto e da dor.

A 12ª porta te reserva surpresas e sustos sem fim. Seu guardião se chama Oturukpon Meji, é do sexo feminino e possui forma arredondada, mais se parecendo com uma grande bola de carne. Trata-se de um gênio muito poderoso, que poderá revelar-te todos os segredos que envolvem a criação da Terra, além de ensinar-te como obter riquezas impensáveis. Aprende com ele o segredo da gestação humana, e a maneira de como evitar abortos e partos prematuros. Depois, parte respeitosamente em busca do próximo aposento.

Aqui está a 13ª porta. Bate com cuidado e muito respeito! Neste aposento reside um gigante que costuma comunicar-se, de forma íntima e constante, com a Deusa da Criação, Odudua, a Grande Mãe. Aprende agora como é possível separar as coisas. Domina o mistério de dissociar os átomos, adquirindo, assim, pleno poder sobre a matéria. Aprende também a utilizar a força mágica que existirá nos sons da fala humana, mas usa esta força terrível com muita sabedoria. Este gigante se chama Otura Meji.

Já diante da 14ª porta irás defrontar-te com Irete Meji, que nada mais é do que o próprio espírito de Ilê, a Terra. Faz com que te revele os seus mais íntimos segredos. Agrada-o, presta-lhe permanentemente reverência e sacrifício. Contata, por seu intermédio, os Espíritos da Terra, e transforma-os em teus aliados. Conhece os segredos de Sakpata, o Vodu da peste que mata e cura da forma que melhor lhe aprouver. Aprende com ele o poder da cura, já que matar é tão mais fácil.

Na 15ª porta serás recepcionado por Oxe Meji, que irá falar-te de degeneração, decomposição, putrefação, doenças e perdas. Aprende a sanar estes males e sai dali o mais depressa possível, para não seres também vitimado por tanta negatividade, que foi gerada em uma relação incestuosa.

Finalmente, a 16ª porta. O último obstáculo que te separa de tua desejada musa. Aí reside Ofun Meji, o mais velho e terrível dos 16 gênios guardiões. Saúda-o com terror, gritando "Hêpa Baba"! Só assim poderás aplacar sua ira. Contempla-o com respeito, mas não o encares de frente. Observa que ele não é um gênio como os que conhecestes nas 15 portas que precediam esta. Este é Ofun Meji, aquele que gerou todos os gênios que aqui conhecestes. É a reunião de todos os demais, que nele habitam e que dele se dissociam apenas de forma ilusória. Conhecê-lo é conhecer todos os segredos do universo. É isto que buscavas, Oh, Orumilá! Domina-o e resgata para ti a bela donzela chamada Sabedoria. Toma-a para ti e possua-a para todo o sempre, pois agora és Ifá e nada nem ninguém pode mais do que tu! – finalizou o mendigo.

— Não esquecestes de nada, Orumilá? Não desconfias quem era o mendigo que te orientou? Nem de leve desconfias? – perguntou Exu.

— Sim, Exu, agora compreendo, foste tu... – respondeu Orumilá.

— Sim! Fui eu quem te deu os caminhos para que hoje pudesses ser o que és! – esclareceu Exu.

— Agora posso compreender tudo! Realmente tinhas todo o direito... – observou Orumilá.

— Pois se reconheces este direito, não se fala mais nisso! – finalizou Exu.

Resolvida a questão, o relacionamento entre os dois não ficou em nada abalado. Orumilá e Exu continuaram a ser os amigos que sempre foram. Afinal de contas, havia uma dependência mútua que ambos reconheciam, embora não confessassem, além de uma certa cumplicidade em muitos fatos.

Porém, de tudo isso ficou uma certa mágoa em relação às mulheres, na medida em que Orumilá julgava que todas, sem exceção, quer fossem humanas, quer fossem Orixás, sempre haveriam de agir da mesma forma que Oxum, e, assim sendo, a abertura que havia sido concedida para elas no Culto de Ifá, ficava cada vez mais limitada.

— Quão perigosas são as mulheres. – Queixou-se Orumilá ao seu velho amigo. – Mas quanto, nós homens, necessitamos conviver com esse perigo! Tomarei mais cuidado com o que me dizem, pois nem eu, apesar de todo o meu dote de adivinhar, sou capaz de entender o que se passa nas suas belas cabecinhas. Suas reações são sempre imprevisíveis e absolutamente incompreensíveis para nós, pobres representantes do sexo masculino.

Responda-me, Exu. Serias capaz de auxiliar-me na execução de um plano para neutralizar, pelo menos em parte, o perigo que as mulheres representam para nós, homens? – perguntou Orumilá.

— Claro que sim orê mi.[76] Estou sempre pronto a colaborar com todo o mundo, desde de que possa auferir alguma vantagem com o que se pretenda fazer! – respondeu Exu.

---

76. Meu amigo. (Ioruba).

— A vantagem que irás tirar é a mesma que será dada a todos os homens. Presta muita atenção no que estou maquinando.

Nós, homens, somos inferiores às mulheres e isso já nos foi sobejamente provado por tudo o que Oxum tem feito e que nos tem humilhado profundamente.

Uma vez assumida a nossa inferioridade em relação à mulher, só mesmo agindo com muita inteligência e usando, como Oxum sempre faz, de ardis e engodos, poderemos restabelecer nossa posição no controle das coisas.

Temos duas metas a cumprir e, se isso não for possível, estaremos irremediavelmente perdidos e seremos transformados em simples joguetes da vontade dessas deliciosas feiticeiras!

Primeiro temos que nos unir. Temos que ser coniventes em atitudes que possam, de alguma forma, desestabilizar o poder por elas exercido. Em segundo lugar, temos que incentivar, de todas as formas, a rivalidade entre elas, para que jamais consigam unir-se, fortalecendo-se ainda mais. Para que a segunda parte do plano se realize, precisamos descobrir o ponto fraco das mulheres, de forma que, explorando-o devidamente, possamos jogá-las umas contra as outras — disse Orumilá.

— Ora, Orumilá, então não sabes que o ponto fraco das mulheres é a vaidade? É por aí que devemos atacá-las e enfraquecê-las! — exclamou Exu.

— Sim, é verdade!... — constatou Orumilá. — Não vês o quanto Oxum é vaidosa, o tempo que perde para banhar-se, perfumar-se e escolher as roupas e as jóias que irá usar? Aí está a solução para nossos problemas. Temos que incentivar cada vez mais este defeito, fazendo com que acreditem que é uma qualidade e que nos agradam muito quando agem desta forma.

A partir de hoje passaremos a elogiar descaradamente suas roupas, seus perfumes, suas jóias, enfim, todas as futilidades às quais elas dão um valor excessivo... Trataremos ainda de, sutilmente, fazer com que passem a concorrer umas com as outras, disputando entre si quem é a mais bela, a mais charmosa, a mais elegante, em suma, quem é mais alguma coisa que a outra.

Isto, com toda certeza, irá criar uma rivalidade entre elas que, com o passar do tempo, se tornará instintiva e irreconciliável. Ao nascerem já trarão dentro de si a animosidade latente contra suas semelhantes!

– O plano é perfeito. A partir de hoje, nós, homens, nos dedicaremos exclusivamente à prática do elogio ao sexo feminino e, sempre que possível, faremos com que percebam o perigo que a presença de uma delas representa para a outra, ensejando com que se tornem inimigas viscerais, embora não tenham consciência disso. Por outro lado, estaremos sempre unidos contra elas, e todas as leis que forem criadas por nós serão elaboradas no sentido de colocá-las num plano inferior dentro dos grupos societários. Faremos com que acreditem serem mais frágeis do que nós, e estabeleceremos uma dependência tão grande que anularemos o seu poder, apagando definitivamente de suas cabeças a consciência do mesmo. – disse Exu.

– E que utilidade terão a partir daí? – perguntou Orumilá.

– Serão nossas servas inconscientes e submissas. Estabeleceremos a oficialização da união homem-mulher pelo matrimônio, instituição que lhes dará a impressão de segurança e de propriedade sobre seus parceiros.

Desta forma, estarão sempre disponíveis e prontas a nos regalar com seus favores e, enquanto nos divertimos em expedições de caça ou de guerra, cuidarão de nossas propriedades, de nossa alimentação e de nossa prole – concluiu Exu.

A partir deste dia, Exu dedicou grande parte de seu tempo para exacerbar a vaidade feminina e criar a rivalidade entre as mulheres. Enquanto isso, Orumilá inspirava os homens para legislarem em causa própria, relegando a mulher a um plano de inferioridade comparável à servidão absoluta. Este foi o preço cobrado pelo que consideraram como uma traição praticada por Oxum.

Capítulo 6

Um movimento feminista

Os planos de Orumilá e Exu se concretizaram de forma rápida e eficiente. Todos os homens aderiram integralmente ao movimento e guardavam sobre o mesmo o mais absoluto segredo.

As mulheres foram, aos poucos, relegadas a uma posição inferior e, antes que percebessem, estavam totalmente submetidas ao poder masculino.

Apenas uma entre elas, dotada de espírito belicoso e sempre pronta para a guerra, olhava com estranheza o que estava acontecendo de forma quase imperceptível. Tratava-se de Obá, poderosa Orixá encarregada de tomar conta do local onde havia o encontro das águas dos rios com o oceano.

Desprovida de qualquer tipo de vaidade, Obá era uma espécie de revolucionária, contestadora de todas as regras e, em decorrência de sua irascibilidade, provocava nos seus domínios grandes revoluções, fazendo com que as águas oceânicas empurrassem de volta ao seu leito natural as águas dos rios, formando grandes ondas que, invadindo as margens, arrasavam tudo o que pudessem alcançar, arrancando, em sua fúria avassaladora, árvores imensas pelas raízes.

Sua aparência física não era muito atraente. Esguia e de feições duras, parecia mais um jovem guerreiro bem armado do que uma Iabá das águas.

Além disso, para piorar ainda mais a má impressão que causava à primeira vista, seu humor era péssimo. Vivia de cara amarrada, como se estivesse sempre brigando com o mundo.

E foi esta mulher a primeira a se dar conta do que estava acontecendo, mas, como era solteira e jamais havia conhecido um homem, Obá limitou-se a alertar as outras mulheres, tentando mostrar-lhes o que estava se passando, sem que percebessem.

Obá, embora não fosse diretamente atingida pelos acontecimentos, na medida em que não se submetera jamais a qualquer homem, pressentia o perigo que ameaçava a posição da mulher dentro da sociedade e, por este motivo, resolveu criar um grupo denominado Egbe Guélédé,[77] que, a exemplo das sociedades de Babalaôs, onde somente os homens eram aceitos, congregaria somente mulheres que, para participarem das reuniões, deveriam cobrir os rostos com máscaras para não serem reconhecidas e, conseqüentemente, punidas pela opressão imposta pelos homens. Para terem a certeza de que nenhum homem iria infiltrar-se em suas reuniões, protegido por máscaras, era exigido de todas as participantes que despissem o busto, sendo então identificadas como mulheres pela exibição dos próprios seios.

A existência da nova sociedade feminista espalhou-se como fogo em mato seco. Inúmeras mulheres aderiram ao movimento, e todas as Orixás femininas vieram na intenção de fortalecê-lo com seus poderes individuais. Dessa forma ficou estabelecido um culto paralelo ao dos Orixás, onde, através do culto a Iyami Oxorongá,[78] representação coletiva de todas as Iabás, as mulheres devidamente unidas e organizadas encetaram o que seria a sua primeira reação à terrível opressão masculina.

---

77. É nas regiões de Ketu, Egba e Egbado que vamos encontrar as guélédé, mascaras usadas por homens que fazem parte de sociedades dirigidas e controladas por mulheres. O objetivo dessas sociedades é aplacar a cólera de Iyami, por meio de rituais e danças em sua honra. A dirigente destas sociedades ostenta o título de Erelu. Há ainda bem pouco tempo, podia-se assistir na Bahia, a festa das guélédé, presidida pela Iyálode Erelu Maria Júlia de Figueiredo, Ialorixá do Candomblé do Engenho Velho.

78. O termo Iyami Oxorongá (minha mãe Oxorongá) é usado em referência a todas as ajés, também chamadas de Iyami (minha mãe), ou ainda Éléiyé (dona do pássaro).

Mas Exu, que não dorme e tudo vê, desconfiou que alguma coisa de anormal estava acontecendo. Obá, que muito raramente se afastava da desembocadura dos rios, era vista agora, com muita constância, passeando dentro da floresta sagrada. Iemanjá, que há muito tempo residia na companhia de seu pai Olôkun nas profundezas do Oceano, também podia, de um tempo para cá, ser vista transitando pelas imediações. Assim como Iansã, Nanã, Iewá e a própria Oxum, que, da mesma forma, tornaram-se presenças constantes na periferia da floresta.

– Alguma coisa estas meninas estão tramando e, seja o que for, não pode ser bom para nós, os machos. Tenho que descobrir o que está acontecendo, e tentar de alguma forma enfraquecer este movimento. Se as mulheres se unirem nós estaremos perdidos! – conjecturou Exu, enquanto se escondia próximo à clareira onde o grupo se reunia.

O local onde costumavam se reunir, dentro da floresta, era protegido por paliçadas de madeira muito altas, no interior das quais fora construído um grande barracão desprovido de outra abertura que não fosse a porta de acesso, constantemente guarnecida de duas sentinelas fortemente armadas.

Fora das paliçadas, duas dezenas de jovens, igualmente armadas, rondavam permanentemente, descrevendo voltas completas ao redor da cerca e mantendo entre si uma distância suficiente para que, sem interromper a marcha, sempre se pudesse contar com a presença de cinco guardas em cada lado da muralha.

Todas elas tinham o rosto protegido por máscaras entalhadas em madeira e decoradas com pinturas, onde as cores eram utilizadas de forma excessiva. Nuas da cintura para cima, asseguravam, pela exibição dos seios, sua condição feminina.

Encarapitado no alto de uma árvore, Exu tentava inutilmente adivinhar o que acontecia dentro da construção onde todas as mulheres, com exceção das guardas, se achavam em reunião.

Uma cantoria monótona, marcada por batidas de palmas, elevava-se de forma incompreensível do interior, o que deu a Exu a certeza de que a nova sociedade possuía, acima de tudo, caráter religioso. A tensão tornava-se cada vez maior e, diante da impossibilidade de saber o que realmente estava se passando, Exu foi ficando cada vez mais irritado.

Conseguiu compreender uma pequena parte da cantinela, em que diziam:

> Apaki niyé xorongá
> Iyamí Oxorongá
> Awá o mi ki o
> Má máa pa mi ô...[79]

Repentinamente, sua atenção foi despertada por um ruído que parecia vir do alto, como o bater de asas de algum pássaro. Mas que tipo de pássaro poderia produzir um ruído tão forte? Para fazer tanto barulho teria que ser um pássaro gigantesco, com asas do tamanho de um búfalo!

Erguendo os olhos, ficou aterrorizado com o que viu. Uma ave gigantesca, maior do que um elefante, sobrevoava a árvore em que havia se escondido.

Sua aparência, além de seu tamanho, era terrificante. O bico envergado e pontiagudo abria-se e fechava-se ameaçadoramente, enquanto emitia guinchos indescritíveis. Na cabeça, desprovida de plumagens até o final do pescoço, destacava-se um par de olhos semelhantes a bolas de fogo vivo. Todo o corpo era recoberto por penas negras, que mais se assemelhavam a finas lâminas de algum tipo de metal até então desconhecido e que, ao Sol, emitiam reflexos azulados que ofuscavam a visão. As garras. Ah! as garras eram tão ameaçadoras que Exu não se propôs a descrevê-las jamais!

Pela primeira vez sentiu medo. E, reagindo, atirou-se ao chão, dando início a uma desabalada carreira que só iria terminar diante da casa de Orumilá.

---

79. Muito poderosamente emplumada
    Minha mãe Oxorongá
    Nós te saudamos
    Por favor, não nos mate... – Verger, Pierre Fatumbi – *As Senhoras do Pássaro da Noite*, In: Escritos Sobre a Religião dos Orixás, pág. 34 e segs.

— O que aconteceu Exu? Nunca te vi assim neste estado! Primeiro, acalma-te e depois conta-me o que te fez correr como um preá assustado — quis saber Orumilá.

Este, depois de falar, apressou-se para pegar um pouco de água fresca para o amigo que, arfante, tentava descrever o que vira.

— O pássaro, Oluô! O pássaro...! — balbuciou Exu.

— Que pássaro Exu? Do que estás falando? — perguntou Orumilá.

— Elas uniram o seu poder e criaram um pássaro que vai nos destruir a todos! — exclamou Exu.

— Calma, amigo. Elas quem? Que pássaro é esse que te deixou neste estado de excitação? — voltou a perguntar Orumilá.

— Sabias, Orumilá, que as mulheres lideradas por todas as Iabás fundaram uma sociedade matriarcal? — disse Exu.

— Claro que sei. Minha própria esposa faz parte desta sociedade, onde as mulheres se reúnem para trocar receitas, aprender técnicas de artesanato e novas medicinas. Esta sociedade não representa, para nós, nenhuma ameaça, muito pelo contrário! — afirmou Orumilá.

— Foi Oxum quem te disse isto? E, depois de tudo, ainda acreditas nela? — interrogou Exu.

— Sim, foi Oxum quem me pediu permissão para participar de um grupo de mulheres que se reunia com esta finalidade. E não vi nenhum mal em lhe dar consentimento para participar das tais reuniões — disse Orumilá.

— Mais uma vez Oxum te faltou com a verdade! Continuas enfeitiçado pelo amor, meu amigo... Esta sociedade é sinistra, Orumilá! Ali, elas praticam a baixa magia, coisa proibida pelas leis de Olodumarê. Ali, elas unem suas forças, seus poderes de feiticeiras, para criarem formas absurdas, por intermédio das quais pretendem espalhar o terror sobre o mundo! — explicou Exu.

— Então, o tal pássaro que viste... — falou Orumilá, sem completar a frase.

— O pássaro que vi é a materialização do poder terrível que só as mulheres possuem! É a representação coletiva do poder gerador feminino, sobre o qual não temos controle e diante do qual temos que nos prostrar e prestar reverências para que se garanta a continuidade da vida! – afirmou Exu.

– Mas pensei que Oxum tivesse, desde há muito tempo, abandonado estas práticas! – continuou Orumilá.

– Não deixou, não! E tanto não deixou que eu vi com meus próprios olhos quando chegou ao local do culto e foi recebida com grandes homenagens! – completou Exu.

– Lembra-te, Exu, do que te falei sobre usarmos de inteligência e astúcia para dominá-las? Encontraram um motivo para se unirem e, estando unidas, são invencíveis. Temos que dar um jeito de fazer com que discordem e briguem para que, separando-se, tornem-se fracas novamente – disse Orumilá.

– Sim, eu sei! Mas como? Como? É que tu não viste o tamanho do tal pássaro que representa o poder delas! É imenso! Terrível! – exclamou Exu.

– É terrível? É imenso? Mas não é maior do que a nossa inteligência! E é com a inteligência que iremos derrotá-las – explicou Orumilá.

– Não podemos simplesmente matar o pássaro? – perguntou Exu.

– Matar o pássaro? Quem, neste mundo, tem poder para matar o pássaro que viste? Escuta, Exu, o que vou te revelar. Nos primórdios da existência, bem antes de se criar o mundo material, Olodumarê colocou dentro de um pote quatro ovos, um dos quais, rolando para fora do pote, se quebrou. O primeiro ovo gerou Obatalá, o segundo gerou Odudua e o terceiro gerou toda a criação. Do ovo partido surgiu Odu Logbo Ojo Éléyinjú Égué, a Proprietária dos Olhos Delicados, a única entre eles que é Ajé. Ela possui mais poder do que todos os demais. Eis a origem cósmica deste axé que só as mulheres possuem. O pássaro que vistes é a materialização deste poder ilimitado! – disse Orumilá demonstrando toda a sua sabedoria transcendental. – Sabes, por acaso quem deu início ao movimento? – perguntou ele.

— Foi Obá, aquela feinha que vive arrumando confusão com as águas do rio e as águas do mar, quem começou tudo. Sendo ela solteirona e vivendo como vive, isolada de todos, não se preocupa em parecer bonita como qualquer pessoa do seu sexo e, não tendo o defeito da vaidade, pode perceber claramente os nossos planos – respodeu Exu.

— É solteira a tal Obá? – perguntou, espantado, Orumilá.

— Solteiríssima! E, o que é pior, donzela! Intocada como a orquídea que nasce no meio do precipício! – exclamou Exu.

— Isto significa dizer que não foi tacada pelo feitiço do amor... – disse Orumilá.

— Nem sabe o que é o amor! Além de feia e brigona, desconhece as delícias do amor! – concluiu Exu.

— Pois temos que reverter esta situação. Quero que te dirijas imediatamente a Oyó, onde reina Xangô, e que o tragas à minha presença! – ordenou Orumilá.

Fazendo uso dos poderes miraculosos do Ogó, Exu fez-se transportar imediatamente ao palácio de Xangô, rei da cidade de Oyó.

De todos os Orixás masculinos, Xangô era, sem dúvida, o mais belo e fogoso. Mulherengo como ninguém, jamais submetera-se ao matrimônio, sob a alegação de que um homem como ele, que adorava variar de parceiras, não podia dedicar-se com exclusividade à mulher alguma, por mais bela que fosse.

Por mais que seus 12 conselheiros insistissem em que deveria casar-se, se não por outro motivo, para assegurar uma prole, negava-se a, sequer, pensar nos aconselhamentos.

O poderoso monarca vivia cercado de luxo exagerado e, da mesma forma que esmerava-se na sua aparência pessoal, cuidava pessoalmente da decoração do seu palácio.

A sala do trono, onde fazia questão de recepcionar seus visitantes, era o seu grande orgulho, a menina dos seus olhos. Todas as paredes eram revestidas de madeira bordada com os mais diferentes tipos de decoração entalhados pelos maiores artífices do reino.

O grande trono de madeira escura, forrado com almofadões de tecido vermelho semelhante ao veludo e bordado com finos fios de ouro, era na verdade uma escultura feita em uma peça única de um enorme tronco de arabá.[80]

O alto espaldar era encimado por uma belíssima coroa, símbolo da sua realeza, inteiramente incrustada de rubis e sangüíneas. Os braços, revestidos no mesmo padrão das almofadas, terminavam em forma de mãos humanas, de anatomia perfeita, que empunhavam machados de cobre polido adornados de pedrarias e pérolas reluzentes. As pernas da imensa cadeira imitavam as pernas de um leão, em uma reprodução exata, destacando-se, aí, não só o delineado da musculatura, como também a textura do pêlo daquele animal. As unhas eram formadas por peças de marfim incrustadas com a mais absoluta precisão.

Contudo, o que mais impressionava naquele trono era o entalhe que contornava toda a borda do assento, onde uma incontável quantidade de pequenas cabeças reproduzia, com exatidão de detalhes, as feições de todos os inimigos, poderosos guerreiros que Xangô orgulhava-se de haver abatido pessoalmente, nos campos de batalha.

Pelas paredes, cuidadosamente dispostos, viam-se escudos e machados de lâmina dupla com cabos caprichosamente forrados de peles de carneiro, além de elmos e couraças de bronze dourado que reproduziam suas formas másculas.

O piso era de madeira um pouco mais clara do que a do trono, polida como um espelho, sobre o qual, desde a grande porta de entrada até os pés da cadeira real, que ficava sobre um patamar com 12 degraus, estendia-se uma grande passadeira vermelha de tecido semelhante ao das Almofadas, do qual se diferenciava apenas pela maior espessura.

Quando Exu ali chegou foi festivamente recebido pelo rei, que nutria por ele grande simpatia.

– Laroiê Exu! Como é bom rever-te depois de tanto tempo! Então, a que devo o prazer de tua visita? – perguntou Xangô.

---

80. *Ceiba pentandra* (Bombacácea).

— Kawo Kabiesile! – saudou Exu, exagerando, como sempre fazia, em suas mesuras, e continuou – Algo de muito grave está acontecendo sobre a Terra! Algo que coloca em perigo o domínio que nós, homens, temos exercido sobre o mundo desde que nos unimos para enfraquecer e desestabilizar o poder das mulheres!

— Conta-me, então, do que se trata meu amigo. As mulheres, que estavam tão bem comportadas desde que pusemos em prática o plano de Orumilá, estão se rebelando contra nosso domínio? Mas tudo estava indo tão bem! – falou Xangô.

— Disseste bem: estava! Infelizmente não está mais. Estão se organizando novamente, e isto representa um perigo muito grande para nossa segurança e para a segurança de todo o sistema. É por isso que estou aqui. Orumilá mandou pedir que vás até ele. Existe alguma coisa que precisa ser feita e que só ele sabe o que é – explicou Exu.

Imediatamente, Xangô mandou organizar a expedição que o levaria até a presença do adivinho. E, no dia seguinte, guarnecido por forte escolta, pôs-se a caminho, montado em um belíssimo cavalo branco.

A chegada De Xangô a Ifé foi apoteótica. As pessoas comprimiam-se nas ruas por onde a comitiva deveria passar, na esperança de ver, nem que fosse rapidamente, o rosto do rei, famoso por sua beleza e valentia.

Xangô era realmente muito belo. Seu rosto, de feições finas, era adornado por olhos amarelados como o mel e, quando seus lábios bem delineados abriam-se em generoso sorriso, deixavam à mostra dentes perfeitos, da cor do marfim.

Nenhum homem ou Orixá possuía um porte físico que, de longe, se assemelhasse ao dele. Alto como um pé de akokô, caminhava com a elegância de um leopardo e a altivez do pássaro *leke-leke*. Sua voz, normalmente agradável como o canto dos pássaros da savana, ribombava como um trovão, quando tomado de ira, fazendo estremecer até ajinaku, o elefante.

Ninguém ousava desafiá-lo. Em seus momentos de fúria descontrolada, investia contra o inimigo como um rinoceronte acuado, de forma avassaladora e mortal.

Assim era Xangô: doce como o néctar das flores que atraem para si os colibris e as abelhas. Cruel como o tigre assassino, que dilacera seus inimigos impiedosamente sem dar-lhes chance de defesa.

Seus feitos nos campos de batalha e nas conquistas amorosas eram cantados por todo o mundo. Mais do que um Orixá, Xangô era uma lenda.

Foi com muita dificuldade que os guardas abriram caminho entre o povo que, excitado, gritava em saudação ao rei: "Obá ni xé kawo kabiesile!"[81]

Xangô deleitava-se com a manifestação popular. Aquilo servia para ele se auto-afirmar, massageava seu ego e inflava sua vaidade. Achava tudo muito justo e muito merecido. Afinal de contas, tinha plena consciência de sua beleza, de seu poder e da sua importância! Sabia o quanto era temido pelos homens e desejado pelas mulheres, e isso o fazia feliz.

Do alto de sua montaria, exibia sua musculatura perfeitamente definida, acenando e sorrindo para todos, esbanjando simpatia sem prejuízo de sua incontestável masculinidade.

Já no interior da casa de Orumilá, depois de um lauto banquete, onde o prato principal havia sido carneiro guisado com quiabo, que Oxum fizera questão de preparar pessoalmente, os Orixás masculinos reuniram-se secretamente, com guardas nas portas, para que ninguém que não fosse do mesmo sexo se aproximasse do salão.

Orumilá, direto como sempre, após narrar detalhadamente o que estava acontecendo, colocou seu plano sob apreciação.

— Sabemos que o movimento foi iniciado e organizado por Obá, uma moça que nunca foi dada a participar de nenhum tipo de sociedade e que conta hoje com o apoio de todas as Iabás, que pretendem, desta forma, assumir novamente o poder sobre tudo, relegando-nos ao estado humilhante em que vivíamos antes de tomarmos este mesmo poder de suas mãos.

---

81. O Rei chegou, salve o rei!

Não podemos permitir que isso volte a acontecer e é a ti, Xangô, que confiaremos a solução do problema – disse Orumilá.

– Diga-me então, Orumilá, o que devo fazer para pôr fim a esta situação tão angustiante – perguntou Xangô.

– Deves conquistar o amor de Obá. Ela não conhece o amor, jamais foi cortejada por qualquer homem e, tenho certeza, de que não resistirá aos teus encantos – explicou Orumilá.

– Mas não achas que isso é sacrifício demasiado para mim, que sempre fui tão seletivo em matéria de mulher, ter de me envolver com alguém de aparência... não sei como dizer... – falou Xangô.

– Feia! Esta é a palavra que tens até medo de usar! Obá é feia, é verdade, mas tem lá seus encantos. Para descobri-los basta um pouco de boa vontade. Afinal de contas, ninguém no mundo é completamente feio! – concluiu Orumilá.

– Não haveria outro meio, Orumilá? – quis saber Xangô.

– Quero que ouças aquilo que tenho em mente, que avalies cuidadosamente meu plano e que dês tua opinião sincera sobre a possibilidade de dar certo ou não.

Primeiro é necessário que conquistes o amor de Obá. Depois deves casar-te oficialmente com ela, levando-a, em seguida, para morar no teu palácio em Oyó. Isto feito, deverás casar-te, também oficialmente, com outras duas Iabás e fazer com que todas morem juntas.

Procurarás, a partir de então, jogar umas contra as outras, fazendo com que sintam ciúmes, tornando-as rivais novamente – disse Orumilá.

– O que me pedes é demasiadamente oneroso para mim. Como se não bastasse me casar com Obá, terei que me casar com mais duas? Não achas que é sacrifício demais? Ter que dar satisfação a uma mulher já não me agrada, imagina ser controlado por três! – disse Xangô indignado.

– Pois é aí que está a chave de tudo: jamais se deixar controlar por elas! Submetê-las sempre aos teus caprichos, sem jamais usar a força, e sim o charme! Fazer com que se apaixonem

cada vez mais e que disputem tuas atenções de forma acirrada – explicou Orumilá.
– E as outras, quem são? – perguntou curioso Xangô.
– Uma delas é Iansã - respondeu Orumilá.
– Mas Iansã não está casada com Ogun? Eu não quero confusão com ele. Não que o tema, mas acho que, nas atuais circunstâncias, uma guerra entre nós não seria a melhor coisa para a realização dos nossos planos – disse Xangô.
– Ogun já está a par de tudo. Concordou com o plano e já não se sente muito bem na companhia de Iansã, que não consegue lhe dar um único filho. E é com isto que, depois de já estares casado com Obá, deverás conquistar Iansã: dando-lhe um filho! – explicou Orumilá.
– Mas, como, se ela, é estéril? – perguntou Xangô.
– Não, Xangô. Iansã não é estéril, muito pelo contrário... – respondeu Orumilá.
– Como não? Por que motivo, então, não tem filhos com Ogun? – quis saber Xangô.
– É que ela é portadora de uma praga. Iansã só poderá engravidar quando for possuída violentamente por alguém. Nem ela, nem ninguém mais, além de nós dois, sabe deste segredo – explicou Orumilá.
– Mas Ogun é tão violento... – disse Xangô.
– Sim, é verdade, mas a sua truculência só se manifesta em relação àqueles que despertam sua ira. Iansã jamais o irritou. Jamais brigaram e, na hora de fazer amor, Ogun é tão gentil e delicado como eiyelé, o pombo – explicou Orumilá.
– Então terei que estuprá-la? – perguntou Xangô.
– Se é assim que vês a coisa. Se é este o termo que preferes usar, sim, terás que estuprá-la! – confirmou Orumilá.
– Para mim será uma experiência nova. Jamais possui uma mulher sem seu inteiro consentimento. A idéia até que me excita bastante... – disse Xangô.
– Vai com calma, Xangô. O estupro é, depois do aborto, o crime mais covarde que alguém pode praticar, mas, nas cir-

cunstâncias descritas, é o único meio de fazer com que Iansã engendre filhos. O fim justifica os meios – explicou Orumilá.

– Iansã até que é bonitona, sempre olhei-a com bons olhos. E quem será minha terceira esposa? – perguntou novamente Xangô.

– Fica ao teu critério a escolha. Pensei em Iewá, quem sabe? – disse Orumilá.

– Posso então escolher minha terceira esposa? – perguntou Xangô animado.

– Claro que podes. A escolha será um prêmio pela tua colaboração – explicou Orumilá.

– Pois, se é assim, quero Oxum como minha terceira esposa! – disse Xangô.

– Mas Oxum é minha mulher!... – falou Orumilá aturdido.

– Pouco me importa a quem pertence. Logo que a vi, senti despertar em mim um sentimento que até então desconhecia. Um calor dentro do peito, uma vontade incontrolável de abraçá-la, e possuí-la, de fazê-la minha, completamente minha... Aceito tudo o que me propões, Orumilá. Conquistarei Obá, raptarei Iansã, mas somente se Oxum me for dada como esposa. Se minha condição não for aceita, podes procurar outro para fazer o que pretendes – disse enfático Xangô.

Num canto, sem dizer uma só palavra, Exu se divertia com a cena. Adorava confrontos como aquele, em que as negociações eram indispensáveis para que os interesses das partes fossem satisfeitos.

Surpreso, Orumilá olhava com firmeza os olhos dourados de seu interlocutor. Sabia que Xangô não era pessoa de duas palavras e que, portanto, não iria abrir mão de sua exigência. Avaliava, ainda, os sacrifícios que seu plano representava para ele: abrir mão de sua liberdade casando-se com uma mulher de dotes físicos questionáveis, raptar e possuir à força a mulher de alguém de caráter sanguinário como Ogun...

Sabia também o quanto Oxum representava para Orumilá. Era e continuaria a ser perdidamente apaixonado por ela.

Independente de seu defeitos, que não eram poucos, sabia que nenhuma fêmea no Universo se igualava à Oxum nas artes do amor. Nenhuma mais bela, nenhuma mais desejável.

Mas não tinha o direito de exigir o sacrifício de quem quer que fosse se, ele mesmo, não desse uma parcela de seu próprio sacrifício, e assim pensando respondeu abruptamente:

– Concordo com tua exigência! Cumpre a primeira parte do plano e poderás levar Oxum como terceira esposa – finalizou Orumilá.

Uma lágrima furtiva acariciou a face do sábio que, desculpando-se, retirou-se para seus aposentos.

Na manhã seguinte, Xangô despertou mais bem disposto do que nunca. A idéia de ter Oxum como esposa deixava-o especialmente empolgado, mas, como isto só seria possível depois que se casasse com Obá e com Iansã, teria que acelerar a missão para receber a recompensa.

Depois de banhar-se e vestir o seu mais belo abadá vermelho, bordado com fios de prata, Xangô, guiado por Exu, rumou para o local onde poderia encontrar Obá.

Após acompanharem por muito tempo o curso do rio que cortava a floresta, ouviram um ruído que os fez estancar.

Escondidos no mato, viram quando uma mulher, vestida como um guerreiro, portando alfanje e escudo de cobre, começou a despir-se para o banho matinal.

Não era bela, é verdade, mas possuía um corpo perfeito, embora musculoso – seios firmes, coxas grossas e nádegas bem feitas.

Seu rosto, um tanto o quanto grosseiro para uma mulher, seria perfeito para um rapaz na puberdade, sem sinal de barba.

– É ela? – perguntou Xangô, num cochicho.

– Sim! Esta é Obá, tua futura esposa – respondeu Exu, afastando-se sorrateiramente e desaparecendo no meio da vegetação.

Calmamente, Xangô aproximou-se da margem, colocando-se o mais próximo possível do lugar onde Obá se banhava e, fazendo bastante barulho, tratou de chamar a atenção da Iabá.

— Quem está aí? — perguntou ela, tentando esconder o corpo dentro d'água.
— Sou eu, Xangô, rei de Oyó, que vim de tão longe para conhecer-te — disse ele.
— E por que razão vieste de tão longe para conhecer-me, se jamais tive a curiosidade de conhecer a ti ou a qualquer outro homem? — perguntou Obá.
— É este o motivo que me fez vir até aqui: o desinteresse que sempre demonstrastes pelos homens. Meus ministros exigem que me case e, ao saber que vives afastada de todos, achei que serias a esposa ideal, já que desejo conhecer uma donzela, que jamais tenha dedicado amor a nenhum outro — respondeu Xangô.
— Amor? Ha! Ha! — zombou a moça — Não acredito em amor e nem quero me submeter ao domínio de nenhum homem. Nasci livre e guerreira e não posso imaginar-me cuidando de marido e filhos. Gosto da natureza, gosto da floresta, das águas do rio e das águas do mar se confrontando em um combate permanente. Não abriria mão disto por nada neste mundo, muito menos pela convivência com um homem!
— Mas Obá, não sabes que Olodumarê nos fez machos e fêmeas para que nos uníssemos e procriássemos? — perguntou Xangô.
— Sei, mas e daí? Não posso imaginar-me com um filho no colo, sugando leite dos meus seios, chorando e tirando o meu sossego. E por que escolhestes a mim, a mais feia das Iabás? — disse Obá.
— A tua beleza interior supera a de qualquer outra. Além disso, possuis a força de caráter que todo homem anseia encontrar numa esposa. Estou enamorado de ti e de teus dotes, e peço-te humildemente que me aceites como esposo. Serás minha rainha, primeiro e único amor da minha vida — mentiu Xangô, descaradamente.
— Como ousas dizer-me que serei o primeiro amor de tua vida? Conheço bem tua fama de mulherengo, tuas aventuras são conhecidas até pelas rãs e pelos sapos! — debochou Obá.

— Aventura nada tem a ver com amor! Cansei da vida que levo, sem alguém para me dedicar, sem alguém que me espere quando retorno cansado das batalhas que sustento para garantir meu trono. Não sabes, Obá, como é triste para alguém como eu, que possui tantas coisas e tanto poder, deitar-se só ou ao lado de alguém que só está ali por interesse e não por amor... – explicava Xangô.

Enquanto falava, Xangô aproximou-se, sem que Obá desse conta de sua manobra e, estendendo-lhe a mão, ajudou-a muito delicadamente a sair da água.

— Vem, senta-te ao meu lado – disse suavemente – Permita que te ofereça meu manto para cobrir teu corpo, tua pele se encrespa como o pêlo de um felino irritado... sentes frio? – perguntou carinhosamente Xangô.

Xangô cobriu com seu manto o corpo molhado de Obá, envolvendo-o carinhosamente, como que para aquecê-lo e, aproximando seu rosto do da jovem, beijou-a, primeiro suavemente e depois fogosamente. E a guerreira, despreparada para aquele tipo de combate, deixando-se levar pelo instinto da fêmea que, desejando ser possuída, finge resistir, sucumbiu aos encantos do macho.

Amaram-se o dia todo, e Obá tornou-se escrava dos encantos de Xangô, deixando-se agrilhoar sem resistência e de muito bom grado. Finalmente conhecera o Amor, esse doce veneno.

A primeira parte do plano estava cumprida. Com grande pompa comemorou-se em Oyó, poucos dias depois, as bodas de Xangô com Obá, sua primeira esposa.

Dois meses se passaram até que Xangô, farto das atenções da esposa, resolvesse continuar com o plano urdido por Orumilá.

— Onde vai o senhor meu marido? – perguntou Obá, vendo os preparativos para uma nova viagem de Xangô, a primeira depois do casamento.

— Vou a Irê, terra de Ogun. Preciso visitá-lo para encomendar vários artefatos de diferentes metais para nossa casa. Não te preocupes, pois estarei de volta dentro de poucos dias com uma grande surpresa para ti e para todos os meus súditos – disse Xangô.

– Vai em paz e, por favor, não te demores. Meu coração já anseia por tua volta! – falou carinhosamente Obá.

Beijaram-se longamente e Xangô, à frente de seus homens, seguiu em direção a Irê.

A viagem transcorreu sem incidentes e poucos dias depois chegaram à cidade governada por Ogun.

Ogun era, sem dúvida, o mais imprevisível de todos os Orixás. Tinha fama de cruel, e quando se zangava seu gênio irascível levava-o a atitudes das quais se arrependia assim que recobrava a calma.

Gostava da guerra e de conquistar terras e reinos. Fizera de Irê seu domicílio e, embora fosse seu verdadeiro rei, preferia entregar o governo a alguém de sua inteira confiança. Era um guerreiro, um conquistador e, como tal, jamais sentara-se num trono ou colocara uma coroa sobre a cabeça. Sua coroa era o elmo, seu cetro, a espada.

Quando não estava em combate, dedicava-se à arte da metalurgia, forjando armas e ferramentas que inventava e aperfeiçoava constantemente.

Sua mulher, Iansã, estava sempre ao seu lado, junto à forja e, embora não soubesse moldar os metais, contribuía para sua incandescência, atiçando as brasas que os tornavam maleáveis como uma massa à qual Ogun, sob o jugo do malho, dava a forma que desejava.

A relação entre o casal estava um tanto o quanto abalada já há algum tempo pela impossibilidade de terem filhos. Ogun ansiava por herdeiros, aos quais queria confiar o governo dos países conquistados, e Iansã, embora não fosse estéril, segundo o diagnóstico de Ossâim, não conseguia gerar os filhos tão desejados.

Havia entre ambos um respeito mútuo e um certo carinho, muito mais gerado pela convivência do que pelo amor carnal. Eram muito mais amigos do que amantes.

Xangô, que conhecia o gênio de Ogun, deixou suas tropas acampadas a uma distância segura da muralha que protegia o Irê. Não queria que sua visita fosse considerada como uma exibição de seu poder bélico e, dessa forma, entrou na cidade acompanhado apenas de um jovem escudeiro.

Aproximou-se da oficina no momento em que o ferreiro havia se afastado para pegar algumas barras de ferro e, com imponência, cumprimentou Iansã que manejava o fole, ativando o braseiro da forja.

— Iyepá hei Oiyá! Onde está Ogun, teu marido? – saudou Xangô.

— Salve, Xangô! Meu marido foi ao depósito pegar material para fazer alguns punhais. Queres água? – perguntou Iansã.

— Sim, se não fosse incômodo... respondeu Xangô.

— De forma alguma, Xangô. Que incômodo pode representar a uma mulher servir a um homem como tu? – falou Iansã.

E Iansã afastou-se em direção ao poço, de onde retirou uma cabaça cheia de água fresca e límpida. Enquanto se afastava, Xangô ficou observando suas formas perfeitas, seios fartos, cadeiras largas sustentadas por belas pernas, de coxas grossas como colunas. Iansã possuía todas as características de uma mulher parideira, mas ele sabia a razão dela jamais ter conseguido dar à luz, e para isto estava ali, para realizar sua vontade de ser mãe.

Não seria de todo desagradável sua missão. Não fosse ter que agir com violência, sua missão seria até muito agradável. Mas sabia que só teria que usar de violência na primeira vez, depois compensaria, fazendo com que aquela bela fêmea conhecesse o homem carinhoso que sabia ser.

— Obá ni xé kawo! – era Ogun, que regressava com um grande feixe de barras de ferro às costas e que, com sua saudação, tirou Xangô de suas reflexões.

— Ogun iêêê! – respondeu Xangô à saudação, ostentando um sorriso cordial, e continuou — Vim visitá-lo, primeiro para saber como tens andado e segundo para encomendar-te algumas ferramentas para meus entalhadores.

– Está tudo bem, tudo em paz, e como sabes não sou muito chegado à paz. Gosto mesmo é da ação nos campos de batalha, gosto de lutar e de alimentar a terra com o sangue dos meus inimigos – respondeu Ogun.

Continuas o mesmo guerreiro sanguinário de sempre. Não é sem razão que teus seguidores entoam cânticos em teu louvor, onde afirmam:

> Ogun que, tendo água em casa lava-se com sangue.
> Os prazeres de Ogun são os combates e as lutas.
> Ogun come cachorro e bebe vinho de palma.
> Ogun, o violento guerreiro,
> O homem louco com músculos de aço,
> O terrível Ebora que morde a si próprio sem piedade.
> Ogun come vermes sem vomitar.
> Ogun corta qualquer um em pedaços mais ou menos grandes.
> Ogun que usa um chapéu coberto de sangue.
> Ogun, tu és o medo na floresta e o temor dos caçadores.
> Ele mata o marido no fogo e a mulher no fogareiro.
> Ele mata o ladrão e o proprietário da coisa roubada.
> Ele mata o proprietário da coisa roubada e aquele que critica esta ação.
> Ele mata aquele que vende um saco de palha e aquele que o compra[82] – falou Xangô.

Ogun comprazia-se com a recitação de um de seus orikis[83], por meio do qual seus fiéis exaltavam seu caráter violento. Ainda mais por que essa exaltação estava sendo feita naquele momento por um Orixá poderoso como Xangô. O que Ogun não sabia é que aquilo era mais um artifício que Xangô usava para conquistar sua inteira confiança.

Enquanto Iansã servia água a Xangô, pôde observar que ele não tirava os olhos dos seus seios, e sentiu naquele olhar

---

82. Os Orixás. Verger, Pierre Fatumbi, pág. 88.

83. Saudações por meio das quais os poderes e os feitos dos Orixás são exaltados.

libidinoso um grande perigo. Já não era mais feliz com Ogun, mas tinha por ele um grande respeito e, embora o visitante a atraísse, jamais quebraria o juramento de fidelidade que fizera no dia de suas bodas.

— Pernoitas em minha casa, Xangô? — perguntou Ogun, solícito.

— Sim, a viagem foi longa e preciso descansar num leito de verdade. O que não quero é provocar incômodo! — respondeu Xangô.

— Incômodo nenhum! Vai na frente, Iansã, e ordena que assem o melhor carneiro para meu amigo e seu servo — pediu Ogun.

— Irei pessoalmente escolher o animal no rebanho — respondeu a mulher, olhando de soslaio para o visitante.

— Ogun, se me permitires, gostaria de fazer companhia à tua mulher. Sempre desejei conhecer teus rebanhos cuja fama já chegou a Oyó — pediu Xangô.

— E, por que não? Vai com ela e aprecia que belos espécimes tenho criado em meus pastos. Aproveita e escolhe aquele que te servirá de repasto hoje à noite — respondeu Ogun.

Era a chance que Xangô esperava de ficar a sós com Iansã. Depois de ordenar a seu servo que o seguisse a distância, dirigiu-se, em companhia da mulher, ao campo onde pastavam tranqüilamente centenas de carneiros e cabras.

Logo que ali chegaram e depois de haver se certificado de que não havia ninguém por perto, inadvertidamente golpeou a cabeça da Iabá, provocando seu desfalecimento.

Em seguida, retirou todas as suas roupas, e possuiu-a covarde e violentamente.

Perpetrado o ato, aguardou calmamente que Iansã recuperasse os sentidos, para então contar-lhe o que havia se passado.

— Agora, Iansã, serás mãe. Quero que saibas que desejo levá-la para o Oyó e, lá, transformá-la em minha esposa, minha segunda esposa, pois já sou casado com Obá, com quem terás de conviver sob meu teto. Não creio que seja conveniente que

Ogun tome conhecimento do que se passou aqui e, para selar nosso compromisso, gostaria que agora te entregasses a mim, de livre e espontânea vontade – pediu Xangô.

E os dois se amaram, tendo como testemunha um velho carneiro de imensos chifres enrolados.

À noite, o jantar transcorreu sem maiores novidades e, no dia seguinte, logo pela manhã, Xangô partiu, prometendo a Iansã que, em breve, viria buscá-la.

As semanas se passavam e Iansã começou a sentir os primeiros sintomas da gravidez. Enjoava por qualquer coisa e sua menstruação já não vinha há duas Luas.

Ao tomar conhecimento da gravidez de sua mulher, Ogun, julgando ser o pai, ficou exultante e, para agradar sua mulher, foi ao pasto escolher um carneiro para a comemoração.

Depois de muito escolher, Ogun resolveu levar o mesmo animal que havia assistido a tudo o que se passara, meses antes, entre Iansã e Xangô.

Pressentindo a proximidade da morte, o animal pôs-se a chorar copiosamente, e Ogun perguntou-lhe o motivo de tanto choro.

– Todo o mundo tem o direito de chorar quando se vê na iminência de morrer! – respondeu o bicho. – Mas o que mais me entristece, não é o fato de ser sacrificado, pois já vivi muito e fui criado para morrer um dia. O que me entristece é a tua alegria e o motivo que me leva à morte.

– Ora, animal atrevido, então o fato de eu ser pai é para ti motivo de tristeza? – perguntou Ogun.

– Não, meu amo! Se fosses tu o pai do filho que tua mulher carrega hoje no ventre eu estaria conformado com minha morte. O que me causa tristeza é saber que aquela criança não é tua, mas de Xangô! – respondeu o animal.

E o carneiro contou tudo o que havia assistido numa tarde em que pastava tranqüilamente, mas mesmo assim ele não foi poupado. Tomado de fúria, Ogun, com seu machete, decepou de um só golpe a cabeça do delator.

Irado, dirigiu-se aos aposentos de sua mulher que, avisada por Exu, já se pusera em fuga a caminho de Oyó.

Embora já soubesse da determinação de sua mulher em deixá-lo para viver na companhia de Xangô, revoltou-se pela forma como as coisas aconteceram. O fato de Iansã, mesmo depois de violentada, entregar-se prazerosamente ao seu agressor foi por ele visto como uma afronta à sua masculinidade. Uma verdadeira traição.

Em vão, Ogun saiu em sua perseguição, mas Iansã era a Senhora dos Ventos e, cavalgando neles, não poderia ser alcançada por ninguém.

Dessa forma os planos de Orumilá iam sendo cumpridos, etapa por etapa.

Dias depois da chegada de Iansã a Oyó, Xangô providenciou as núpcias, o que alegrou a todos os habitantes da cidade, com exceção de Obá que, pelos cantos, mordia os próprios dedos de tanto ciúme.

As duas mulheres se estranhavam, se provocavam, se agrediam, mas tudo às escondidas. Diante de Xangô eram obrigadas a se tratarem como irmãs, e isto aumentava ainda mais o rancor entre elas.

– Minha parte está cumprida! Exijo que agora cumpras a tua, enviando Oxum para minha companhia. – Este era o teor da mensagem que Xangô enviou a Orumilá por meio de Exu.

– Minha palavra será mantida, Exu. Sei perfeitamente o quanto Oxum anseia por este momento. Ela está farta de mim! – disse, tristonho, Orumilá. – Diga a ela que se prepare pois, amanhã, com o nascer do Sol, deverá partir ao encontro de seu novo amor. Não quero despedidas, e hoje mesmo sairei pelo mundo em busca de meu próprio destino. Sem rumo, sem direção, ensinando aos homens os segredos de Ifá. Abandono tudo o que aqui construí e que atualmente possuo. Levo apenas meu saber para compartilhá-lo com os homens que eu considere dignos.

– Mas meu Senhor, bem sabes que eu estarei onde estiveres! – falou Exu.

— Sei, sim, amigo. Sei que tu estarás onde quer que eu vá, e só isto me consola — respondeu Orumilá.

Exu transrnitru a Oxum as ordens de Orumilá, omitindo-lhe, no entanto, a decisão do Oluô de sair sem rumo pelo mundo afora. Agiu assim para testar Oxum, queria saber se, de alguma forma, ela ficaria ressentida com a separação. Mas a reação de Oxum não surpreendeu nem um pouco a Exu. Ela nem sequer perguntou se Orumilá estava bem ou mal. Nem sequer tocou no seu nome!

— Ah! Como são ingratas as mulheres! — lamentou Exu.

E lá se foi Oxum para o palácio de Xangô. A recepção foi a mais calorosa possível. Cinco dias de festas públicas para comemorar as novas núpcias do rei. Pela primeira vez, Obá e Iansã se solidarizaram diante da nova e belíssima ameaça.

A lua-de-mel parecia não ter fim. Xangô vez por outra arranjava um tempinho para Iansã, mas Obá, pobrezinha da Obá, havia sido esquecida, irremediavelmente esquecida.

Sofria que dava dó. Já nem sentia mais prazer em implicar com Iansã, cuja gravidez estava chegando ao final. Pensando bem, enquanto eram só ela e Iansã a coisa não era tão ruim. Uma noite com uma, outra noite com a outra, até que dava para ir levando. Mas agora era só Oxum, só Oxum! Iansã com a "barriga na boca" não se incomodava muito. Mas ela... ela precisava tanto das atenções do seu homem... jamais conhecera outro, nem pensava em conhecer.

Precisava saber o que Oxum tinha que ela não tinha para agradar tanto o marido. Afinal de contas, era a primeira, tinha direitos assegurados. E, assim pensando, dirigiu-se aos aposentos de sua rival.

— Oxum! Gostaria muito de ser sua amiga. Afinal de contas, vivemos sob o mesmo teto, dividimos o mesmo marido... disse Obá.

— Dividimos? — perguntou Oxum, zombeteira. — E o que te sobra?

— Pouco ou nada me tem sobrado. Xangô já nem me enxerga, nem olha para mim! É por isso que estou aqui, preciso que me ajudes, Oxum — pediu Obá.

— E como poderia eu ajudar-te, poderosa Obá? – perguntou Oxum.
— Quero que me ensines o feitiço – falou Obá.
— Feitiço? Mas que feitiço, mulher? – perguntou, sem entender, Oxum.
— O mesmo que usastes para que Xangô não te deixe um minuto sequer! Por favor, Oxum, ensina-me o feitiço para que eu também possa ter um pouco da sua atenção! - implorou Obá.
— Sim, o feitiço é claro... Mas só se me prometeres uma coisa... – disse Oxum.
— Qualquer coisa! Ensina-me o feitiço e prometo fazer o que quiseres! – suplicou Obá.
— Prometes que ninguém saberá do nosso segredo? Nem Iansã, nem Xangô? – tramava Oxum.
— Prometo! Prometo! Agora me ensina o feitiço – pediu curiosa Obá.
— É simples, Obá. Deves decepar a tua orelha, cozinhá-la com tuas próprias mãos e oferecê-la na refeição de nosso marido – explicou Oxum.
— Mas, minha orelha? E como ficará a minha aparência? – perguntou Obá.
— Não te preocupes. Orelhas são como os rabos dos lagartos, uma vez decepadas voltam a crescer rapidamente. Olha para mim, falta-me alguma orelha? – falou, mentindo, Oxum.
— Não, não te falta nada. És tão bonita... – apreciava Obá.
— Pois, então? Ficas sabendo que já decepei minhas orelhas por duas vezes. Uma para enfeitiçar Orumilá, meu primeiro marido, e a outra para amarrar Xangô. E, como vês, ambas já cresceram e ninguém diz que um dia foram decepadas! – continuou Oxum.
— É verdade, Oxum! – afirmou Obá aproximando-se e examinando atentamente as orelhas da maldosa" – Não ficou o menor sinal, a mínima cicatriz. Se não fosses tu mesma quem me estivesse contando, por certo não haveria de acreditar.

— Pois então o que estás esperando? Vai, decepa a tua orelha e prepara com ela um bom assado para Xangô! Sua reação será surpreendente! — incentivou Oxum.

Obá retirou-se ansiosa do quarto de Oxum que, não agüentando mais, quase sufocou de tanto rir.

— Como é que pode? — pensava divertida — Além de feia é burra! — e foi tomada por novo acesso de risos.

Obá, na sua boa fé, resolveu submeter-se ao sacrifício e, sem titubear, decepou uma das orelhas. Tudo em nome do amor!

Depois de fazer em si mesma os curativos necessários para evitar maiores complicações, dirigiu-se à cozinha e, após lavar e temperar bem a própria orelha, assou-a com ervas aromáticas e muito ataré, tudo regado em bom azeite-de-dendê. Ansiava pelo momento em que, após degustar o petisco, seu marido, totalmente enfeitiçado, a convidasse para uma longa noite de amor.

Depois da mutilação a que havia se imposto, enrolara a cabeça num grande torso, de forma que Xangô não notasse a falta de uma das orelhas. Sua aparência não era das melhores, perdera muito sangue e estava abatida e com profundas olheiras.

Assim que seu marido chegou, precipitou-se ao seu encontro, cobrindo-o de cuidados e atenções.

— Tens fome, Xangô? — perguntou Obá.

— Sim, cavalguei o dia inteiro e estou com muita fome — respondeu ele.

— Pois, então, senta-te aí que vou te servir um prato que eu mesma preparei para ti, com muito carinho — continuou Obá.

Xangô acomodou-se tranqüilamente numa grande almofada e ficou aguardando que Obá retornasse da cozinha, com o petisco que lhe havia preparado. Era muito guloso, e a simples idéia de um novo prato aguçava seu apetite.

— Aqui está! — exclamou Obá sorridente, enquanto depositava à sua frente uma grande gamela coberta por outra de menor tamanho, de onde exalava um cheiro delicioso.

Sem perda de tempo, o rei destapou o alimento e, estarrecido diante do que viu, exclamou com repugnância:

— Mas o que é isto? Uma orelha humana? Por acaso enlouquecestes Obá? – disse Xangô espantado.
— Mas, meu Senhor... trata-se de um prato especial que Oxum... – disse Obá sem completar a frase.
Sem aguardar maiores explicações, Xangô expulsou-a.
— Vai-te daqui! Nunca mais quero ver a tua cara feia na minha frente! Some, Obá, antes que eu perca a pouca calma que ainda me resta e cometa uma violência contra ti! Quero que amanhã bem cedo pegues todos os teus pertences e vás embora de minha casa. Não posso conviver com uma mulher que não só pratica, como também me induz a praticar o canibalismo! – falou com raiva Xangô.
Obá, atônita e humilhada, não conseguia compreender o que se passava. Sua única e acertada reação foi correr e trancar-se em seus aposentos.
Onde errara? Fizera tudo de acordo com as orientações de sua amiga Oxum... – Oxum! Agora entendo! Como fui ingênua! Como fui burra! – recriminava-se. – Agora está tudo perdido. Sem orelha. Sem marido! Cauda de lagarto... como sou burra! Mas ela me paga! Nunca lhe darei trégua e onde quer que a encontre há de conhecer a outra Obá, a Obá guerreira que o amor fez adormecer! Agora tenho de ir embora do palácio, mas um dia, seja onde for, haverei de encontrá-la, e aí acertaremos contas!
E, no dia seguinte, antes do Sol nascer, Obá vestiu sua roupa de guerra. Empunhando seu alfanje e procurando esconder a cicatriz horrível que se formara no lugar onde antes existia uma orelha, retornou cabisbaixa à desembocadura do rio. Só um sentimento lhe restava no coração: vingança!

Capítulo 7

A decadência de Orumilá

As coisas corriam de acordo com os planos de Orumilá. A desunião entre as Iabás enfraquecera de forma irreversível o movimento feminista que tinha como base a Sociedade Guélédé. Oxum, em lua-de-mel permanente, não queria saber de outra coisa que não fosse seu marido. Iansã, grávida, prestes a parir, e Obá, desmoralizada e cheia de rancor contra todas as mulheres, eram agora peças descartadas, sem nenhum poder de ação.

Mas restava ainda uma liderança que não fora abalada. Iemanjá, filha de Olokun, o Senhor dos Mares, continuava mantendo o que sobrava do movimento.

Não se podia, no entanto, relaxar com a vigilância. Era necessário combater, sem tréguas, quaisquer resquícios da subversão até que dela nada mais restasse.

A liderança masculina, que com o afastamento voluntário de Orumilá era agora exercida por Obatalá, permanecia vigilante e atenta a todos os passos das mulheres. Em assembléia-geral ficou determinado que Iemanjâ deveria ser definitivamente afastada para que, totalmente acéfala, a sociedade feminista sucumbisse definitivamente.

Exu elaborou um plano maquiavélico no qual, Obatalá, que gozava da confiança de Yemanjá, deveria agir de forma absolutamente condenável. Mais uma vez, o fim justificava os meios.

Ardilosamente, Obatalá convidou Yemanjá para um encontro dentro da floresta, sob a alegação de estabelecerem um acordo que satisfizesse os interesses de ambas as partes. Sem desconfiar do que lhe estava reservado, Yemanjá se fez presente no local e hora marcados, sozinha, como haviam combinado. E ali, sem testemunhas, Obatalá, covardemente, violentou-a, deixando-a, em seguida, desfalecida sobre a relva.

Ao despertar, Yemanjá sentiu tamanha revolta, tamanho asco, que, transformando-se num rio, retornou, por seu leito, ao reino de seu pai, no oceano. Este rio existe até hoje em terras iorubás, chama-se Odo Ogun, e é ali que os devotos de Yemanjá prestam-lhe culto e oferecem-lhe presentes. Yemanjá, desta maneira, abandonou sua forma humana.

Finalmente, o objetivo de Orumilá foi atingido e a Sociedade Guélédé, a partir de então, teve que submeter-se à adesão masculina para poder subsistir.

Ainda assim, o comando das mulheres ficou definitivamente estabelecido. Somente elas possuem os poderes e os segredos de ajé, devendo, por isso, serem tratadas com grande respeito e consideração. Depois disso, os homens, para participarem da sociedade, teriam de usar as máscaras guélédé, e sua participação ficaria restrita a dançar e a tocar os tambores do ritual.

O objetivo da sociedade, que antes era exacerbar a maldade existente no poder feiticeiro de Iyami, modificou-se desde aí, e as danças, os cânticos e as oferendas feitas em sua homenagem, visam hoje, a aplacar a sua cólera ao em vez de incentivá-la.[84]

Mas a vitória de Orumilá custou-lhe muito caro. Como já vimos, ele teve que renunciar ao amor de sua vida e, desgostoso, abandonou tudo o que possuía, saindo pelo mundo, sem rumo, sem direção.

Em suas andanças pela Terra, Orumilá chegou a um sítio onde resolveu estabelecer-se temporariamente, edificando ali

---

84. A ajé não é como a feiticeira medieval, simplesmente a personificação do mal. Ela, antes, representa os poderes místicos da mulher em seu aspecto mais perigoso e destrutivo. A dança guélédé é a expressão da má consciência dos homens, e vem da época em que a sociedade matriarcal tornou-se patriarcal. (Ulli Beier, *Gelede Masks*, Odu, n° 6, Ibadan, 1956).

uma pequena choupana onde poderia viver e proceder as suas adivinhações.

Em pouco tempo tornou-se muito conhecido, e inúmeras pessoas procuravam seus préstimos.

Tendo feito voto de pobreza, o adivinho passara a cobrar pelos seus serviços um ou dois obis, que eram seu alimento predileto. Como sua clientela era muito numerosa, em pouco tempo acumulou uma quantidade de obis tão grande, que foi obrigado a construir um pequeno celeiro para armazená-los.

Próximo dali vivia Eku, o rato do campo, que descobrindo o depósito de obis, cavou um túnel através do qual podia entrar e sair carregado de sementes, sem ser notado pelo adivinho.

Da mesma forma que fez amigos, Orumilá adquiriu inúmeros inimigos, que ansiavam por sua morte.

Certo dia, um feiticeiro que detestava nosso herói, fez um trabalho que, agindo diretamente sobre suas vistas, impedia que Orumilá enxergasse os sinais dos Odus configurados pelo opelé. Desta forma, ele tornou-se incapacitado para a adivinhação. Por mais que se esforçasse, não conseguia distinguir a caída do rosário, não conseguia marcar sobre o opon a figura por ele indicada.

Cientes disto, seus inimigos prepararam uma cilada para ele com a intenção de matá-lo. Naquele dia haviam cercado sua casa, aguardando o momento certo para agirem.

Sem meios para prever o perigo que o espreitava, o adivinho insistia em lançar o opelé, em sucessivas e inúteis tentativas de enxergar algum signo.

E foi aí que, repentinamente, um pombo pousou sobre o tabuleiro, levantando vôo imediatamente depois. Seus pés imprimiram marcas bem visíveis no iyerosun, e Orumilá, sem nenhum esforço, reconheceu a presença do Odu Irosobara.[85] Depois de olhar demoradamente para a figura marcada pelo pombo, tomou conhecimento do perigo que o espreitava e, aproximando-se da janela, pôde ver seus inimigos, os quais já investiam contra a sua casa.

---

85. Irosobara, Omó Odu que resulta do acoplamento de Irosun com Obara.

Sem saber o que fazer diante do perigo iminente, Orumilá só encontrou uma saída: esconder-se sob o monte de obis.

Enfiou-se o mais que pôde sob as nozes e, chegando ao fundo do aposento onde elas estavam amontoadas, encontrou o túnel cavado por eku.

O buraco era apertado, mas, em um esforço descomunal, o adivinho entrou nele e, arrastando-se penosamente, conseguiu fugir, indo sair no interior da floresta, bem próximo à casa do rato.

Estava ferido e com as roupas totalmente rasgadas, sujas de terra e de sangue. Neste estado lastimável, prosseguiu floresta adentro, na ânsia desesperada de fugir daqueles que pretendiam acabar com a sua vida. E, neste momento, Orumilá abençôou o pombo e o rato do campo. Graças a eles continuava vivo.

O adivinho caminhou durante muito tempo. Sabia que seus algozes não iriam desistir de capturá-lo e, que uma vez verificada a sua ausência dentro de casa, sairiam à sua procura.

Repentinamente, Orumilá ouviu uma voz feminina que cantava uma bela canção. Cuidadoso, esgueirou-se entre os grossos troncos do arvoredo e, desta forma, aproximou-se de um riacho, onde uma jovem de beleza sem igual lavava roupas.

Nem Oxum, que para ele era a mais bela criatura do mundo, podia concorrer em formosura com a mulher que agora estava à sua frente.

Orumilá sentia-se mal. Seus ferimentos ardiam como fogo, e o calor reinante no local aumentava muito o seu desconforto.

Atento, pôde perceber um grande barulho que se originava de dentro da floresta e que vinha do caminho que havia percorrido até ali. Eram seus inimigos que, excitados, se aproximavam movidos pelo desejo de eliminá-lo definitivamente.

Havia adquirido inimigos muito pertinazes, pelo simples motivo de orientar algumas pessoas da forma mais correta de viverem livres da dependência que esses malvados exerciam sobre elas. A maioria deles era composta de feiticeiros que, usando seus poderes duvidosos, mantinham alguns infelizes sob seu mais absoluto domínio, manipulando-os pelo medo e explorando a sua ignorância.

Não havia outra saída. Precisava pedir auxílio à moça do rio e, sem outra opção, aproximou-se sorrateiramente, com receio de que, assustada, a jovem gritasse, o que seria a sua perdição.

Sua visão, prejudicada pelo feitiço do qual havia sido vítima, ainda estava embaçada, mas, ao aproximar-se mais, pôde reconhecer a bela jovem que já não via há muito tempo. Ali estava diante dele, Iewá, a mais bela dentre todas as Iabás.

— Iewá! — chamou Orumilá quase num murmúrio.

— Quem está aí? — perguntou a moça, pondo-se em guarda.

— Sou eu, Orumilá! Por favor, não faça barulho. Minha vida corre perigo!

— Orumilá? Mas o que fazes tão longe de Ilê Ifé? — perguntou novamente Iewá.

— Estou sendo perseguido por inimigos que querem me matar! Por favor, ajude-me! Depois explico o que se passou — respondeu Orumilá.

— Vem comigo! — disse Iewá, que já ouvia o vozerio que vinha de dentro da mata.

Pegando Orumilá pelas mãos, conduziu-o a uma espécie de banco de areia existente no meio do rio, em cima do qual estava um grande cesto onde colocava as roupas depois de lavadas.

— Entra no cesto! — ordenou, decidida. — Fica bem quietinho que com eles eu resolvo!

Orumilá entrou no cesto e Iewá cobriu-o com diversos panos que já estavam lavados e secos.

Neste exato momento, sete homens, portando diferentes tipos de armas, estancaram na margem do rio.

— O que desejam os nobres caçadores? Se têm sede, bebam à vontade. Se desejam refrescar seus corpos cansados, banhem-se nas águas frescas do meu rio — falo Iewá.

Enquanto falava, Iewá, sorrateiramente, despejava um pó dentro das águas, e essas iam na direção dos homens.

— Sim, moça bonita, temos sede e calor. Estamos em busca de um bandido muito perigoso que roubou e matou numa localidade bem próxima daqui. Por acaso não o viste? Além de perigoso é muito astuto... — disse um dos homens.

— Claro que vi! — interrompeu a Iabá calmamente. — Não só o vi como o capturei. Desconfiei que se tratava de um malfeitor e coloquei, na comida que fui obrigada a servir-lhe, um pó que me foi fornecido por Aroni. Neste momento dorme profundamente no local onde o escondi. Não se preocupem, não despertará tão cedo! Portanto, antes de prendê-lo, saciem a sede e refresquem-se à vontade — falou ela.

Sedentos, os homens beberam até se fartar e, imediatamente, caíram num sono profundo, do qual não se desperta: o sono da morte.

Iewá providenciou, com as próprias mãos, o sepultamento dos sete bandidos e, por este motivo, é este Orixá quem, até hoje, recebe os cadáveres na porta do cemitério e os conduz até a sepultura.

Orumilá precisou de cuidados especiais e teve que permanecer, por muito tempo, na companhia de Iewá.

Depois de contar a ela tudo o que lhe acontecera e o motivo que o levara a abandonar Ilê Ifé, o adivinho quis saber por que uma moça tão bonita e de descendência nobre estava vivendo sozinha e em lugar tão remoto.

— Foi há algum tempo que aconteceu o que vou te contar. Bem sabes quem é Omolu, o filho de Nanã, não é verdade? — perguntou Iewá.

— Claro que sei. Omolu, cujo verdadeiro nome é Xamponan, que evitamos pronunciar por ser demais negativo? — disse Orumilá.

— Sim! É ele mesmo! — exclamou a moça.

— E o que tem ele a ver com teu isolamento? — quis saber Orumilá.

— Pois ele não se apaixonou por mim, e vive a me perseguir insistentemente? Basta descobrir onde estou e lá vem ele à minha procura! — explicou Iewá.

— Mas Omolu é um Orixá dos mais poderosos. É portador da peste, é verdade, mas tem o poder da cura, e só contagia aqueles que deseja punir — falou sem entender Orumilá.

— Eu sei! Eu sei! Mas a verdade é que tenho medo dele! Tenho pavor só de ouvir falar seu nome! — gritou Iewá.

— E qual o motivo deste medo tão grande? — quis saber Orumilá.

— Sabes, Orumilá, que à noite eu sou o firmamento. É ali que faço vibrar minha beleza, brindando com ela toda a face da Terra. Eu sou o céu cheio de estrelas, que serve de moldura à Lua brilhante como a prata polida — explicou Iewá.

— Sim, Iewá. Tu és o encanto das noites enluaradas que embriaga os homens e os torna românticos. Tu és a musa dos poetas e dos apaixonados — continuou Orumilá.

— Omolu, como bem dissestes, é portador da peste e, em decorrência da deformidade que lhe impôs a doença, anda sempre curvado e com o rosto voltado para o chão. Por isto jamais havia visto o firmamento com toda a minha beleza exposta nele.

Certa noite, depois de haver chovido copiosamente, Iansã, à meu pedido, ordenou que o vento afastasse para bem longe as nuvens, e desta forma expus aos homens, para alegrá-los, todo o meu encanto.

Muitas poças d'água se haviam formado pelos caminhos e, naquele exato momento, Omolu, que se dirigia a Tapá, viu os meus encantos refletidos numa delas, o que o deixou deslumbrado. Jamais vira o firmamento e, aquela visão, embora fosse apenas o reflexo do céu em uma poça d'água, o deixou extasiado.

Ficou ali parado horas e horas, admirando-me. E eu, confesso, fiquei muito envaidecida com aquilo e, por isto mesmo, concentrei-me toda naquele pequeno charco.

Iewá

Repentinamente, Omolu lembrou-se de que precisava prosseguir viagem. Tinha compromisso em Tapá e não podia atrasar-se. Pegando uma porção de terra, cobriu toda a poça, na tentativa de prender-me ali para que, na volta, pudesse desfrutar novamente da visão que o enfeitiçara – explicou Iewá.

– E daí? – perguntou Orumilá curioso. – O que aconteceu depois?

– Não te falei que por pura vaidade havia me concentrado inteiramente naquele espelho d'água? Pois é, quando ele me cobriu de terra, fiquei presa naquela poça, e por mais que lutasse não conseguia me livrar. Aí, então, Omolu foi embora, e eu fiquei presa num buraco dentro da terra! – disse Iewá.

– E como conseguistes te safar Iewá? Foi ele mesmo que te liberou? – perguntou Orumilá.

– Como, ele mesmo? Tapá é muito distante daquele local e, com toda certeza somente depois de decorridas muitas Luas poderia ele regressar para me libertar. Além do mais, Omolu caminha com demasiada lentidão. Depois de me haver assegurado de que já se afastara o suficiente para não me ouvir, gritei por socorro, e fiquei gritando por toda a noite até a metade do dia seguinte. Foi só no dia seguinte, quando o Sol já ia alto, que Oxóssi, o caçador, que passava por ali, ouviu os meus apelos e, retirando a terra que Omolu havia jogado sobre mim, logrou libertar-me da sepultura – explicou Iewá.

– É por isto, então, que carregas este ofá[86] dourado a tiracolo? – quis saber Orumilá.

– Sim, como reconhecimento ao que Oxóssi fez por mim, carrego, por onde vá, este ofá dourado a tiracolo. E é também por este motivo que tomei pavor de Omolu! – esclareceu Iewá.

– Mas deves considerar que ele não agiu por maldade, e sim por amor – tentou amenizar Orumilá.

– É verdade. Sei muito bem que agiu por amor, mas o amor não dá direito a ninguém de submeter a pessoa amada aos

---

86. Arco e flecha. A principal insígnia do Orixá Oxóssi.

seus caprichos e às suas vontades. O verdadeiro amor consiste em dar muito mais do que receber. Não pode perdurar o amor que se impõe pela força ou que cobra atitudes como obrigação. O verdadeiro amor, Orumilá, leva ao sacrifício da renúncia, sempre que isto implicar na felicidade do ser amado! – disse Iewá.

E Orumilá, comovido, reconheceu, pelas palavras de Iewá, o quanto amara Oxum e o quanto de sacrifício e sofrimento representava a renúncia de um amor.

– Nunca me entregarei a nenhum homem! – prosseguiu a jovem – Pela atitude de Omolu, posso compreender o quanto os homens são tiranos em relação à mulher amada. Jamais me submeterei à tirania de homem algum! Sou virgem e continuarei virgem para sempre! – disse enfática Iewá.

"Que pena", pensou Orumilá, examinando a beleza da jovem. Que desperdício!

– E tu, Orumilá? Jamais poderia imaginar que também tivesses inimigos! – falou intrigada Iewá.

– Claro que possuo inimigos! Incontáveis inimigos! Afinal de contas, ninguém no mundo é tão insignificante que não consiga, pelo menos, fazer inimigos! – ironizou Orumilá.

Enquanto Orumilá se recuperava, assistido por Iewá, Ogun, desiludido com a fuga de Iansã, dedicara-se inteiramente às guerras e às conquistas.

Encontrando-se nas proximidades de Ire, depois de uma campanha vitoriosa, resolveu fazer uma visita à cidade. Precisava saber se tudo estava em ordem.

A decepção sofrida aumentara ainda mais sua irascibilidade, e suas explosões de fúria, agora mais constantes, só se aplacavam depois que derramasse muito sangue. Embora truculento e sanguinário, Ogun não era injusto, muito pelo contrário.

Naquela época vivia em Ire um feiticeiro chamado Aparo, que tinha o poder de transformar-se numa codorna sempre que precisava entrar em algum lugar para fazer ali algum malefício.

Ogun, sabedor das maldades de Aparo, vivia perseguindo-o e dificultando, de todas as formas, as suas ações maléficas. Só não o matara ainda por que, sendo ele cidadão de Ire, era protegido da pena de morte, segundo a lei criada pelo próprio Ogun.

Consciente da antipatia que o poderoso guerreiro nutria por ele, o feiticeiro vivia tentando criar um meio de afastá-lo da cidade ou de jogar a opinião pública contra ele.

Sabendo que Ogun estaria de volta em poucos dias, Aparo resolveu organizar um festival em louvor aos antepassados e, durante esses festivais, era terminantemente proibido falar. Todas as pessoas permaneciam no maior silêncio. Não emitiam uma só palavra. Sequer se cumprimentavam.

Ogun chegou em Ire no meio do festival. Acostumado que estava a ser recebido com grandes manifestações e homenagens do povo, estranhou quando, ao entrar na cidade, ninguém o cumprimentou. Nem sequer um olá!

– Quer dizer que bastou uns poucos dias para que esquecessem de mim? Mas farei com que se lembrem quem sou eu! Se não me demonstrarem respeito, farei com que se arrependam amargamente de haverem nascido – falou Ogun.

O que Ogun, já tomado de fúria, não sabia, é que as pessoas estavam impedidas de falar em decorrência do festival organizado pelo bruxo.

Encolerizado, machete em punho, Ogun aproximava-se das pessoas, parava a sua frente e, depois de aguardar inutilmente por alguma palavra de saudação, cortava-lhes a cabeça impiedosamente, com um só golpe de sua afiada arma.

E a matança impiedosa durou o dia inteiro. O corpo de Ogun estava coberto de sangue dos inocentes que exterminara no auge de sua fúria insana.

– Pare com isto, Ogun! Por que derramas o sangue inocente dos teus próprios filhos? – era um espírito ancestral que, diante de tanta violência, resolvera intervir.

– Quem és tu para me dizeres o que devo ou não devo fazer? – perguntou Ogun.

— Sou Egun, aquele que estava sendo homageado por teu povo quando chegastes espalhando a morte entre eles! Não sabes que nos festivais em minha honra as pessoas são proibidas de falar? É por este motivo que não te bajularam como sempre fazem quando retomas de tuas campanhas. Agora, olha em tua volta! Vê quanto sangue derramastes! Vê quantas vidas inocentes ceifastes! Não estás satisfeito? Não te basta a quantidade de sangue que te cobre o próprio corpo? Por que não procuras e punes o único responsável por toda esta desgraça? — disse o espírito.

— Responsável? Existe então um responsável? E quem é ele? Por quê? Por quê? — perguntou Ogun.

— Aparo, sabendo que regressavas a Ire, organizou o festival. Seu objetivo foi plenamente atingido. Derramastes sangue inocente e, por isto, estarás amaldiçoado para todo o sempre! — explicou Egun.

Sem mais uma palavra, Ogun correu como um louco em direção à casa de Aparo.

Ao ver o Orixá coberto de sangue aproximar-se movido pela fúria, o feiticeiro se transformou em codorna e, voando, foi abrigar-se entre as folhas de um enorme dendezeiro.

Percebendo a manobra, Ogun investiu contra a árvore, cortando sua folhas furiosamente, na ânsia de desalojar o inimigo.

As folhas que caíam colavam no sangue que cobria seu corpo nu, transformando-se em vestimenta. É por isto que a roupa de Ogun é o mariô.[87]

Finalmente, Aparo ficou ao alcance de sua arma e do seu desejo de vingança, e Ogun golpeou-o repetidas vezes até que, ferido de morte, este tombou aos seus pés.

Nos estertores da morte, o feiticeiro reassumiu sua forma humana, e seu último alento foi para amaldiçoar o Orixá:

— Deixo em ti, Ogun, a maldição do arrependimento pelo sangue inocente que te fiz derramar — falou Aparo.

---

87. Franja confeccionada com as palhas extraídas das folhas do dendezeiro.

Neste momento, plenamente consciente do mal que havia causado, Ogun, achando que já vivera o suficiente em sua forma humana, apontou sua espada em direção ao solo e, provocando um enorme estrondo, desapareceu terra adentro. Seu corpo, muitos metros abaixo da superfície, transformou-se em minério de ferro.

Depois disso, sempre que alguém deseja obter uma graça de Ogun, sacrifica-lhe uma codorna e libera-o da maldição imposta por Aparo.

Obatalá, por sua vez, ficara muito deprimido pelo que fizera com Yemanjá. Arrependia-se de sua atitude, mas, o que estava feito, não tinha conserto. Para distrair-se, resolveu viajar até Oió com a intenção de fazer uma visita a Xangô.

Consultou o Oráculo, mas, como já fizera antes, negligenciou o sacrifício, e partiu sozinho para a longa viagem.

Exu, que não ficara nada satisfeito com o que o Grande Orixá havia feito com Yemanjá, a quem considerava como mãe, aproveitou a oportunidade para se vingar: – Não tem jeito! Obatalá não aprende mesmo! Mas ele me deve, e o que fez com Yemanjá será cobrado agora! Deixemos que prossiga viagem que, durante o percurso, vou aprontar-lhe algumas peças!

Obatalá, sabedor da grande distância que iria percorrer, muniu-se de duas mudas de roupas, além da que levava vestida. Sendo o Orixá do branco, vestia-se exclusivamente com esta cor, e jamais andava com as roupas sujas, já que a sujeira era uma das suas grandes interdições.

E lá se foi Obatalá, rumo a Oyó, sem de leve desconfiar das más intenções de Exu.

Logo no primeiro dia de viagem, o Orixá encontrou um menino que tentava inutilmente colocar sobre a própria cabeça um balaio cheio de carvão.

O cesto era muito grande, embora não fosse demasiadamente pesado, mas, pelo seu tamanho descomunal, era impossível que o pequenino o pegasse, de maneira suficientemente firme, e o colocasse sobre a cabeça.

— Por favor, meu bom senhor! Ajude-me a suspender este balaio de carvão que preciso levar para casa, onde minha mãe me espera! — pediu o menino.

O Orixá, sem se fazer de rogado, dispôs-se, de imediato, a ajudar a criança que, assim que o cesto foi içado, virou-o propositalmente, derramando o seu conteúdo sobre ele. As roupas de Obatalá ficaram cobertas pelo pó negro do carvão e o menino fugiu, desaparecendo dentro do mato.

— Que maçada! — reclamou o Orixá, consternado. E, dirigindo-se a um rio que passava nas proximidades, livrou-se das vestes enegrecidas e, depois de tomar um bom banho, vestiu outras bem limpinhas, conforme era de seu feitio.

Após banhar-se, Obatalá fez uma pequena refeição composta de obis, descansou um pouco e retomou o caminho.

Um pouco adiante, um outro menino estava, no meio do caminho, tentando levantar uma grande talha de barro cheia de azeite-de-dendê. Desta vez, a dificuldade era originada pelo peso da carga.

— Foi Deus quem o enviou, meu velho! Estou aqui há horas tentando suspender esta talha com epô pupá, e não consigo. Preciso transportá-la até o mercado, onde minha mãe me espera para vender o que há dentro dela. Não consigo nem erguê-la do solo, mas, depois que estiver sobre os meus ombros, poderei transportá-la sem a menor dificuldade. Por favor, ajude-me a levantá-la! — pediu o menino.

Obatalá segurou a talha pelas duas alças e, sozinho, sem qualquer dificuldade, colocou-a sobre os ombros do moleque que, incontinente, derramou seu conteúdo sobre as vestes do Orixá. O menino, como o outro, desapareceu, depois de realizada a arte, em desabalada carreira estrada afora.

Mais uma vez o Orixá Funfun precisou tomar banho, e suas roupas, tintas de vermelho, foram abandonadas nas águas do rio.

Faltavam muitas léguas para que a cidade de Oyó fosse atingida, e Obatalá caminhando, às vezes dentro de matas fechadas, às vezes por caminho poeirentos, ficou com as roupas sujas e rasgadas por galhos e espinhos. Não podia fazer nada. Não tinha mais roupas limpas para trocar, e tudo por causa de dois moleques atrevidos que, ele nem desconfiava, eram o próprio Exu.

A aparência de nosso herói não era em nada condizente com a sua posição. Sujo, esfarrapado e exausto, mais parecia um mendigo ou um salteador do que o Príncipe do Orun.

Depois de muito caminhar, Obatalá avistou um belo cavalo branco, aparentemente sem dono, que pastava tranqüilo à sombra de um grande pé de iroko.

Sorrateiro, Obatalá aproximou-se do animal que, mansamente, deixou-se capturar sem sequer tentar fugir.

Examinando com mais atenção sua presa, o Orixá pôde reconhecer, numa das ancas do cavalo, a marca de Xangô: dois machados de lâmina dupla cruzados.

Se este cavalo fujão pertence a Xangô, é sinal de que já estou bem perto de Oyó. Vou aproveitar para devolvê-lo, afinal de contas trata-se de um animal muito valioso, e juntando o pensamento à ação, montou no cavalo, deixando que o instinto do bicho o guiasse ao palácio real.

A cavalgada durou pouco. Poucas hora à frente, foram parados por um grupo de soldados do rei que, reconhecendo o cavalo, julgou estar diante de um ladrão.

Obatalá foi preso e levado ao calabouço do palácio, sem que lhe dessem sequer a chance de se defender.

– Eu sou Obatalá, filho de Olórun! O mais poderoso de todos os Orixás! – gritava, enquanto era puxado e manietado por um dos soldados.

– Obatalá? E desde quando Obatalá rouba cavalos? – zombavam os guardas.

Antes de ser atirado ao calabouço úmido e infecto, o Orixá foi cruelmente açoitado. Este era o castigo imposto aos ladrões de cabras e de cavalos.

O tempo passou. Enquanto Obatalá apodrecia na prisão, uma praga se abateu sobre o país. A fome e a doença se instala-

ram definitivamente em Oyó, e um babalaô foi chamado para saber o motivo de tanta miséria.
Depois de lançar seu opelé, o sacerdote de Ifá bradou:
— Odifun! — este era o Odu que Ifá apresentara para responder à questão formulada.
— O motivo gerador da praga que se abate sobre teu reino, poderoso monarca, é a prisão de um inocente em teu calabouço. Manda imediatamente saber quem é a pessoa que só se veste de branco e que, detida por teus guardas foi jogada numa cela sem chances de se defender! — explicou o sacerdote.

Imediatamente, Xangô foi à prisão para ver quem poderia estar lá sem que isto fosse do seu conhecimento e, apesar do estado lastimável do prisioneiro, doente e envelhecido pelo sofrimento, reconheceu nele a figura de Obatalá, o senhor da vida e da morte.

Providências imediatas foram tomadas no sentido de reparar o engano. Obatalá foi transferido para a melhor dependência do palácio e ali, uma vez banhado e vestido com roupas de linho branco, foi tratado pelos melhores curandeiros do reino. Por sua vez, os soldados que o haviam prendido foram banidos de Oyó e condenados a viver dentro da floresta, sem permissão de se reaproximarem da cidade.

A recuperação de Obatalá foi muito demorada. Os castigos que lhe foram impostos deixaram seqüelas irreversíveis. Caminhava agora com muita dificuldade, lento como o igbin, quase se arrastando.

Mas estava afastado de Ilê Ifé há muito tempo. Precisava retornar com urgência para retomar suas atividades.

Um grande banquete de despedida foi oferecido a Obatalá. Xangô, envergonhado, procurava de todas as formas agradar ao amigo.

— Sei que precisas retornar a Ifé, Babami. Mas reconheço que não poderás voltar sozinho como viestes. Um cavalo, por melhor que ele fosse, não resistiria à viagem, pois os insetos acabariam com ele antes que chegasse ao meio da jornada. Por este motivo, escalei o melhor e mais forte dos meus escravos para acompanhar-te. Ele viajará contigo, cuidará de tua segurança e de tua saúde e, quando te sentires cansado, te carregará nas costas para que não te atrases ainda mais – disse Xangô.

E, no dia seguinte, ao nascer do Sol, Obatalá, acompanhado de Ayrá, escravo de Xangô, retomou a Ifé.

Ao chegar em casa, depois de uma viagem sem incidentes, Obatalá dispensou a Ayrá as mesmas honras que dispensaria ao próprio Xangô. Afeiçoara-se ao jovem pela atenção e cuidado que ele lhe dispensara durante a viagem de volta. Além disso, não via em Ayrá um escravo, mas um representante de Xangô, um embaixador de Oyó.

Dias depois, durante uma refeição, Obatalá perguntou a Ayrá:

– E, então, meu jovem, quando pretendes retornar à casa de teu amo? Não que anseie por tua partida, faria muito gosto que permanecesses em minha companhia, mas temo que, em decorrência de tua demora, Xangô venha a te impor algum tipo de pena.

– Senhor, agora tu és o meu amo! Xangô ordenou que te trouxesse até aqui, mas não determinou quando deveria voltar, nem se teria que voltar. Aqui, sou tratado com a dignidade de um rei. Em Oyó sou um simples escravo. Por este motivo, além do grande afeto que a ti dedico, gostaria de tua permissão para permanecer em tua companhia. Todavia, se desejares que me vá, partirei imediatamente, pedindo apenas que me abençoes! – falou humildemente Ayrá.

Depois de refletir um pouco, Obatalá permitiu que Ayrá permanecesse em sua companhia. Afinal de contas, Xangô não exigira que ele voltasse e, mesmo que assim fosse, devia-lhe aquela. A permanência de Ayrá ao seu lado não era ainda pagamento suficiente pelos sofrimentos aos quais havia sido submetido em Oyó.

E Ayrá, como ex-escravo de Xangô, passou a usar suas insígnias, só que inteiramente brancas, em homenagem a Obatalá. A partir de então, Ayrá só se alimentava junto com o grande Orixá, e nunca aceitava nenhuma comida se o seu novo senhor não comesse em sua companhia.

Enquanto isto, em Oyó, as coisas não iam muito bem com Xangô.

O sistema de governo que ele próprio havia estabelecido tinha por base um ministério composto de 12 representantes que, por sua vez, governavam cidades da periferia de Oyó.

Estes homens, todos anciãos de muita respeitabilidade, eram quem, na realidade, decidiam, por consenso, o que deveria ser feito em benefício do povo. Acumulavam ainda o cargo de magistrados, e todos os crimes praticados eram por eles julgados, podendo os acusados serem libertados, se considerados inocentes, ou condenados, se provadas as acusações que lhes eram imputadas.

Depois de algum tempo, Xangô chegara à conclusão de que o conselho de ministros impedia que muitas das suas pretensões pudessem ser realizadas.

O poder lhe subira à cabeça. Sua vaidade, seus desejos sexuais desregrados e sua falta de respeito pelos direitos de seus próprios súditos haviam-no transformado num déspota e, não fosse o freio que seus ministros lhe impunham, cometeria atrocidades sem conta.

Dentre seu maus costumes era comum, por exemplo, conhecer uma mulher e desejar possuí-la e, se esta mulher fosse casada, caluniava seu marido, acusando-o dos mais diversos crimes para que, uma vez condenado, deixasse livre o caminho para seus intentos.

Atentos a este fato, os membros do conselho, sempre que algum súdito era acusado pelo próprio rei, examinavam o processo com demasiado cuidado e, invariavelmente, findas as investigações, o réu era considerado inocente.

Mas Xangô reservara para si uma arma muito poderosa. Cabia a ele o poder de criar novos impostos ou aumentar os já existentes. A decisão sobre as leis tributárias era exclusivamente sua.

E era desta forma que pressionava seus ministros. Sempre que tomavam alguma decisão que o desagradasse, criava um novo imposto ou aumentava um antigo tributo. A situação era ameaçadora e devido ao descontentamento geral e ao risco de uma guerra civil iminente.

Foi então que, em nome do povo, Xangô foi acusado de tirania e de querer instalar um sistema de governo injusto, crimes estes que eram punidos com a pena de morte.

Depois de um longo e penoso inquérito, no decorrer do qual o rei ficou sob o regime de prisão domiciliar, o acusado foi condenado à pena máxima.

O senso de justiça daquele povo era, no entanto, muito subjetivo, principalmente em se tratando de punir pessoas da alta nobreza.

A sentença imposta a Xangô consistia no seguinte: deveria ele reunir suas esposas e seus escravos além de todos os bens que pudesse carregar no lombo de um cavalo e, de posse de tudo isso, afastar-se para um local o mais distante possível do país, onde então deveria provocar, com suas próprias mãos, a sua morte. Ou seja, deveria suicidar-se!

Como vemos, a pena de morte era imposta muito mais do lado moral do que do lado físico. Quem, de posse de seus bens, seus escravos e suas esposas iria suicidar-se, a não ser que fosse obrigado a isso?

Para cumprir a sentença, lá se foi Xangô, acompanhado de suas duas esposas – Oxum e Iansã; de Oxumarê, seu mais fiel servidor; de todo o ouro que um bom cavalo pudesse carregar – além de água e muitos víveres – rumo ao desconhecido.

Humilhado, Xangô embrenhou-se na floresta. Tinha realmente a intenção de dar fim à própria existência.

Da mesma forma que, por livre e espontânea vontade, havia assumido um corpo humano, deveria desvencilhar-se dele e, assim, estaria apto a retornar definitivamente ao Orun, seu lugar de origem.

Xangô era consolado por Oxum que, de todas as formas tentava convencê-lo a se estabelecer em outra localidade. Possuía muito ouro e, com uma fortuna daquele porte, não seria difícil formar um exército de mercenários e retomar o trono de Oyó.

Iansã prosseguia calada. Nada dizia. A única coisa que pretendia era acompanhar seu amor, fosse qual fosse o seu destino.

A caminhada parecia não ter fim, e ninguém mais sabia quanto tempo fazia que haviam saído da cidade.

Os víveres foram escasseando e o cavalo carregado de ouro, não resistindo, morreu no meio da viagem.

Aquele tesouro não podia ficar abandonado ali, no meio da floresta.

Oxum, prontamente, sob o pretexto de tomar conta do tesouro, ficou por ali mesmo, não prosseguindo com o grupo.

Dias depois foi Oxumarê que, por motivos óbvios, abandonou o grupo – precisava cuidar do abastecimento de água sobre a Terra.

Somente Iansã prosseguiu ao lado do seu amado. E, quando finalmente Xangô cumpriu a sentença, operou-se o milagre.

A condenação de Xangô e o repúdio de seu próprio povo haviam caído sobre ele como o pior dos castigos. Durante todo o tempo que caminhou dentro da densa floresta, ele reavaliou suas atitudes e, compreendendo o quanto fora fraco, o quanto se deixara levar pelo orgulho e pela vaidade, arrependeu-se sinceramente e, pelo arrependimento, resgatou seus pecados. Já se considerava morto como rei, restava agora livrar-se do invólucro carnal em que, por vontade própria, aprisionara seu espírito.

– É chegado o momento, Iansã! Devo despedir-me de ti e de todas as coisas deste mundo terreno. Logo estarei novamente no Orun, ao lado de Nosso Pai, e de lá protegerei os homens e o mundo em que habitam. Fui cruel e injusto e, por este motivo, serei o protetor da justiça, punindo com severidade aqueles que não a respeitarem – exclamou Xangô.

– Irei contigo onde quer que vás, meu amo e senhor. Jurei-te amor eterno e não te abandonarei neste momento de angústia. Ao assumires teus erros, te engrandeceste, e te santificaste ao te arrependeres deles com tanta sinceridade. Irei contigo ao Orun e estarei sempre ao teu lado! – disse Iansã.

Ao terminar a frase, Iansã ergueu os braços em direção aos céus, e um relâmpago atingiu-a em cheio, rodeando seu corpo e correndo pelo solo em direção a Xangô, envolvendo seus pés e subindo, num movimento de espiral, ao redor do seu corpo, chegando até a cabeça, em volta da qual parou, formando uma espécie de auréola.

Os dois tornaram-se incandescentes como os pirilampos. Adquiriram luz própria e, naquele momento, uma vez destruídos seus invólucros carnais e purificados pelo fogo do relâmpago, reassumiram integralmente sua condição de Orixás, podendo, a partir de então, regressar ao Orun quando achassem conveniente.

Os erros praticados durante o tempo em que viveram sob o julgo da matéria estavam plenamente resgatados.

Xangô, somente depois de haver sido tocado por Iansã, pôde redimir-se plenamente e retomar seu *status* de Orixá. Este mistério nos é demonstrado ainda hoje pela natureza: Xangô, o trovão, só se manifesta depois que Iansã, o relâmpago, risca os céus.

O corpo de Xangô transformou-se no edú ará,[88] ficando enterrado no solo no local exato onde ocorreu o fenômeno.

Da união com Xangô, Iansã tinha dado à luz nove filhos gêmeos, dos quais os oito primeiros eram mudos. Seu nono filho, depois que ela ofereceu sacrifícios específicos, conseguiu falar, mas sua voz não era como a voz humana. Este filho, ao qual Iansã deu o nome de Egungun, falava de forma estranha. Sua voz era por vezes rouca e distorcida e, em outras ocasiões, era baixa e demasiadamente aguda e anasalada.

Os filhos de Iansã estabeleceram em Oyó um novo culto, denominado Culto Egungun, onde são reverenciados os

---

88. Pedra de raio. O edu ará é o principal elemento representativo do Orixá Xangô. Representa seu corpo e assegura a sua presença em seus assentamentos.

espíritos dos homens mortos. Os sacerdotes deste culto receberam o título de ojês, e o culto é realizado em um espaço sagrado, o Igbalé, onde somente os iniciados na Sociedade Egungun podem entrar, e a Iansã foi conferido o título de Iyá-mesán-orun.[89]

A partir de então, Iansã passou a ser venerada como a Rainha da Sociedade Secreta dos Egungun na Terra.

Com o estabelecimento deste novo culto, a estruturação da sociedade fugia do controle dos Orixás e passava a ser exercida pelos espíritos ancestrais humanos.

Aos Orixás restou a função única de interiorizar no ser humano os elementos da natureza, determinando, por meio deles, uma relação com suas origens cósmicas.

Eram os Babá Egun, ancestrais divinizados que, a partir da estruturação do culto, ditavam as normas comportamentais, davam conselhos e orientações, criavam as leis e puniam seus infratores.

Mais uma vez, o sexo feminino foi relegado a um segundo plano. Na Sociedade Egungun, não só os sacerdotes tinham de pertencer ao sexo masculino, como os próprios espíritos ali cultuados eram, exclusivamente, de homens. As ancestrais femininas eram cultuadas na sociedade guélédé, por meio da representação coletiva de Iámi.

Oxum, que ficara no meio da floresta guardando o tesouro de Xangô, já retornara ao seu palácio em Oxobô, para onde transferiu tudo o que seu ex-marido havia deixado sob sua guarda.

Costumava fazer longos passeios até um local muito bonito, onde uma cachoeira precipitava-se de uma grande altura, fazendo aparecer um imenso remanso que, alguns metros adiante, transformava-se num no caudaloso de águas tormentosas.

---

89. Mãe dos nove oruns. "... Oyá é a rainha e a 'mãe' dos Eguns. Ela é venerada ao lado dos Eguns e é quem comanda o mundo dos mortos." (Dos Santos, Juana Elbein, *op. cit.*, pág. 122.)

Este pequeno paraíso ficava em um local remoto no interior da floresta, e era ali que a iabá encontrava paz, mergulhando e nadando horas a fio nas águas diamantinas.

Oxóssi, o caçador, que não tinha paradeiro certo, não tanto por sua atividade profissional, mas, principalmente, por seu espírito inquieto e aventureiro, descobriu o lugar e passou a freqüentá-lo com assiduidade. Sempre que saía para a caça, recolhia ali a água para a sua expedição. Sempre que retornava, refrescava o próprio corpo em demorados banhos. Tinha sempre o cuidado de não afastar-se das margens. O rio era muito profundo e Oxóssi não sabia nadar.

Oxum ficava de longe observando o belo rapaz que, inteiramente nu, vinha banhar-se quase que diariamente em seus domínios. A visão a extasiava e, em seus devaneios, via-se envolvida pelos braços musculosos de Oxóssi, a quem se entregava prazerosamente, na parte mais profunda do remanso. O sonho virou obsessão. E Oxum, decidida como era, resolveu torná-lo realidade. Estava definitivamente apaixonada pelo caçador, e só concebia ser por ele possuída da forma que sonhava – dentro das águas mais profundas do rio. A partir de então, sempre que Oxóssi ia até o rio, Oxum se apresentava a ele completamente nua e, oferecida, convidava-o a se aproximar, o que obrigava o caçador a se aventurar na parte funda. Oxóssi bem que gostaria de ir até ela, mas de que forma? Não sabia nadar! Por que motivo ela não vinha até a margem? A situação se estendeu por um longo tempo. Oxóssi não ia! Oxum não vinha!

O desejo deixou a mulher de tal forma desesperada que ela resolveu uma vez mais solicitar o auxílio de Exu. Afinal de contas, eram amigos de longa data e Exu que secretamente alimentava por ela uma certa paixão, jamais lhe havia negado qualquer coisa.

– Então, amigo? O que devo fazer para que Oxóssi se entregue a mim e me possua dentro d'água? Já não posso mais de tanta paixão! Ensina-me alguma coisa! – pediu Oxum.

— Tu, Oxum, Senhora do Amor, não consegues atrair para teu lado alguém simplório como Oxóssi? – indagou Exu.

— Sim, talvez seja simplório, mas é muito esquivo. Conhece o perigo e sabe como evitar se expor a ele. Afinal de contas, passa a vida enfurnado na floresta, enfrentando as feras mais sanguinárias! Ele tem medo de entrar na água, Exu! Não sabe nadar! – esclareceu Oxum.

— E por que não vais ao encontro dele? Não achas que facilitaria tudo? – perguntou Exu.

— Não é esta a maneira que sonhei! Não é nas margens do rio que quero entregar-me ao meu novo amor! Desejo ser possuída lá no fundo, onde o próprio ambiente represente um perigo real para ele! Sem que corra este risco, nego-me a pertencer-lhe. Criei esta fantasia e não admito que aconteça de outra maneira! – falou enfática Oxum.

— Continuas a ser caprichosa, Oxum! Continuas a testar os homens com teus atrativos! Pois bem, tens aí uma boa quantidade de mel? – quis saber Exu.

— Sim, disponho do mel que for preciso – respondeu ela.

— Pois, muito bem. Deves fazer uma torta de farinha de acaçá com frutos silvestres que, depois de assada, deverá ser coberta com muito mel. Na massa colocarás um pouco deste pó que agora passo às tuas mãos. Depois que a guloseima estiver pronta, deve ser entregue aos meus cuidados. Tu ficarás aguardando, a distância, o momento exato de entrar em ação. Quando eu me afastar, deixando Oxóssi sozinho na beira do rio, deverás te mostrar, e novamente convidá-lo a fazer amor contigo dentro d'água. Ah, sim, já ia me esquecendo: deves besuntar de mel os bicos dos teus seios! – disse Exu.

No dia seguinte, Exu, depois de pegar o doce que Oxum já havia preparado, escondeu-se dentro da mata e ficou aguardando a chegada do caçador.

Depois de algum tempo, Oxóssi chegou, como cumprindo um ritual, desvencilhou-se das suas roupas e, com a ajuda de uma cabaça, começou a banhar-se. Olhava de soslaio para o local onde Oxum costumava ficar. Já estava acostumado com a bela visão da fêmea, e desejava ardentemente fazê-la sua.

Neste momento, Exu apareceu, como quem não quer nada, trazendo bem exposta a torta preparada por Oxum. Fingindo surpresa, cumprimentou o caçador:

— Okê arô! O que faz por estas bandas o Rei das Matas? — perguntou Exu.

— É aqui que me abasteço de água e que tomo meus banhos. E tu, Exu, o que andas fazendo? — interrogou Oxóssi.

— Nada de importante Odé.[90] Vim buscar esta torta que Oxum fez para mim. Aceitas um pedaço? — disse Exu.

A visão do doce já deixara o caçador com a boca cheia d'água. Era muito guloso, e não iria resistir ao convite do amigo.

— Se não for abuso de minha parte, aceito sim! — respondeu Oxóssi.

E Exu deixou que Oxóssi comesse não um pedaço, mas o doce todo.

Imediatamente, o corpo do Orixá foi tomado por uma espécie de torpor. Não perdeu a consciência, mas perdeu a noção do que estava fazendo, inclusive a noção de perigo. E Exu retirou-se calmamente. O cenário estava pronto. Faltava apenas que Oxum cumprisse sua parte, o que não demorou a acontecer.

O sinal combinado fora dado: Exu se afastara! Oxum, imediatamente, tomou posição dentro d'água, exibindo suas formas e convidando Oxóssi para sua companhia. Sem meios de resistir, o Orixá, levado pelo instinto, atirou-se na água em busca do corpo que lhe era mais uma vez oferecido.

Oxum, exímia nadadora, pegando-o, conduziu-o à parte mais profunda do rio, e ali consumaram o ato de amor, deleitando-se mutuamente em prazeres jamais experimentados.

E se amaram longas e repetidas vezes, até que Oxum, satisfeita, lembrou-se do quanto havia sofrido para conseguir aquilo... o quanto aquele belo homem, agora à sua mercê, a havia tratado com desprezo...

---

90. Caçador.

Indignada, empurrou Oxóssi para o lado e afastou-se dele, nadando calmamente em direção à queda d'água.

Sem saber nadar, sem qualquer recurso, Oxóssi afundou, e ali, no mesmo local onde conheceu a plenitude do êxtase do amor, conheceu Iku, a morte.

No dia seguinte, Oxum se deu conta do crime covarde que havia cometido.

– Por que fiz isso? – perguntava-se em prantos. Por que deixei que se afogasse? Quando é que vou aprender a controlar este meu gênio vingativo?

E, buscando inutilmente a figura máscula que se acostumara a ver diariamente nas margens do rio, implorava – Perdoa, meu amor! Perdoa!...

Mas o castigo maior viria depois. Oxóssi deixara no ventre de Oxum um filho que, ao nascer, era o retrato vivo do pai.

O menino, a quem Oxum chamou de Logunedé, quanto mais crescia, mais fazia lembrar seu falecido pai.

Logunedé, além da aparência física, herdara do pai o espírito de liberdade e o gosto pela caça.

Costumava afastar-se de casa por longos períodos, perdendo-se no interior das matas em busca de animais que abatia com incrível facilidade. Hábil que era no manuseio do arco, suas flechas jamais erravam o alvo.

Sempre que sumia, Oxum ficava esperando ansiosa por seu regresso e, era nestas ocasiões, que a saudade de Oxóssi a atormentava mais, e que o arrependimento por haver ocasionado sua morte esmagava seu coração.

Sempre que Logunedé regressava, bradava ao longe, da mesma forma que seu pai fazia, e Oxum corria ao seu encontro pensando que era seu amor que retornava da morte. Porém, ao verificar que na verdade se tratava de seu filho, era tomada por um sentimento estranho – um misto de alegria, por ter o filho de volta, e de tristeza, por lembrar que havia perdido para sempre o seu grande amor – apossava-se de Oxum, enchendo seu coração de melancolia.

Oxum estava desolada. Vivia esperando ansiosamente a ordem de retornar ao Orun, onde, tinha a certeza, haveria de reencontrar Oxóssi.

O corpo de Oxóssi jamais foi achado e, por este motivo, não possui correspondente nos seus assentamentos. Oxóssi não possui okutá,[91] como os demais Orixás.

Desolada e inconsolável, Oxum também resolveu abdicar de seu corpo material, que, abandonado no ponto exato em que a cachoeira desaba formando um remanso, submergiu, transformando-se em uma pedra polida, com o formato de um ovo e em tom amarelado.

---

91. Pedra. O okutá é elemento comum nos assentamentos de todos os Orixás, com exceção de Oxóssi, que não tem direito a este símbolo por não se saber a forma tomada por seu corpo carnal após sua morte.

Capítulo 8

A sociedade Egungun

À essa altura, a Sociedade Egungun já estava plenamente estabelecida.

Seus sacerdotes serviam de intermediários entre os vivos e os mortos, com a responsabilidade de fazer com que os espíritos se apresentassem e comunicassem seus desejos e conselhos.

O corpo sacerdotal era dividido em diversas categorias hierárquicas, que variavam de acordo com os graus de iniciação, de responsabilidade e de antigüidade. Dessa forma, no primeiro grau, o iniciado recebia o título de amuxã. Neste estágio não conhecia os segredos mais fundamentais de Egungun e, conseqüentemente, não sabia nem podia invocá-los.

Dentre os amuxã, eram selecionados os ojês que, somente depois de serem submetidos aos rituais específicos, passavam a integrar, verdadeiramente, o corpo sacerdotal da sociedade.

Só depois de serem consagrados ojês é que os sacerdotes iniciavam um longo período de aprendizado, durante o qual tomavam conhecimento dos segredos de Egungun, o que não seria possível sem um pacto entre os sacerdotes e os espíritos ancestrais.

A responsabilidade ia ficando maior, na medida em que seus conhecimentos iam aumentando. Ascendiam hierarquicamente até a categoria de ojê agbá, e era deste grupo que se escolhia o grande sacerdote, chefe da sociedade, o Alagbá,[92] o que ocorria quase sempre com a escolha do mais antigo membro da sociedade.

---

92. Ancião.

Este sumo sacerdote do culto Egungun recebia a denominação de Alagbá Babá Mariwo[93] e possuía dois auxiliares, o otun e o ossi.[94] O seu cargo era o de Alapini, derivado do título honorífico: Alapini Ipekun Ojê.[95]

Aos ojês responsáveis pelos cuidados e pela invocação de um ou mais Eguns, era dado o título de atoku e, para serem distinguidos, cada Egun cultuado possuía vestimentas características, além de diversas formas de saudações que os diferenciavam entre si.

Vestiam-se de maneira singular. Suas roupas eram compostas de tiras de panos coloridas presas a uma espécie de chapéu sólido, que caiam sobre eles como cortinas. Seus rostos eram cobertos por um tipo de rede de malha fina, e toda a roupa era demasiadamente decorada com búzios, espelhos, contas e guizos.

Na organização perfeitamente elaborada da sociedade, os Eguns eram divididos em duas categorias: os Egun-Agbá, que tinham direito às roupagens acima descritas, além de serem dotados de fala, e os Aparakás, que se vestiam com um único pano quadrado e extremamente colorido, mas que, não possuindo voz, não podiam identificar-se.

Como podemos notar, na segunda categoria descrita encontravam-se os Eguns mais novos que, por qualquer motivo, não tinham ainda passado por todos os ritos que os elevariam à categoria de Egun-Agbá.

Os homens, então, passaram a dar muito mais valor às orientações dadas pelos seus próprios ancestrais, que eram feitas de forma direta e incisiva, o que representava uma segurança maior em relação àquelas recebidas tanto no Culto de Ifá, quanto no dos Orixás, que dependiam da interpretação das mensagens transmitidas por meio dos búzios, opelé ou ikins, o

---

93. Respeitável ancião pai do Mariô.
94. Da direita e da esquerda.
95. Alapini, detentor do título máximo entre os ojés.

que ensejava a possibilidade de erro ou manipulação por parte dos adivinhos.

Eram os Eguns e não mais os Orixás quem, a partir de então, determinavam os preceitos morais e orientava para a observância dos costumes, preservando, assim, a estrutura social e religiosa dos seres humanos.

Aos Orixás restava simplesmente o culto. Já não tinham mais a mesma importância para organizar a maneira de viver dos homens, e aproximava-se a hora em que deveriam, todos, retornar ao Orun.

O plano de Olodumarê estava sendo cumprido exatamente como havia sido elaborado. A Terra era dos homens e devia ser governada pelos homens. Os Orixás haviam cumprido seus papéis com perfeição. Restava-lhes, agora, retornar à sua origem – o Orun –, de onde deveriam continuar a exercer controle sobre todos os elementos que lhes haviam sido confiados por Odudua.

Como vimos, Xangô, Iansã, Ogun, Iemanjá, Oxum e Oxóssi já haviam retornado. Tudo era parte do plano do Supremo.

O contato de Orumilá com Iewá traria, também, sérias conseqüências. Ciente da contribuição do adivinho para o enfraquecimento do movimento feminista, cujo resultado foi o restabelecimento do patriarcado, Iewá resolveu vingar-se por conta própria, em nome de todas as Iabás.

Ela era uma das poucas que não havia tomado forma humana mas, para que seu plano de vingança pudesse ser concretizado, tornava-se indispensável que o fizesse agora.

Foi assim que, assumindo seu poder de ajé, escolheu para si própria um corpo feminino tão ou mais belo do que sua forma original.

Enquanto Orixá, costumava transformar-se no firmamento. Mas, depois de assumir uma forma carnal, teve que abdicar deste poder e, durante muito tempo, não mais se viu, no céu, à noite, a presença de astros brilhantes! E, privados do brilho da Lua e do luzeiro intermitente das estrelas, os seres humanos tornaram-se mais tristes.

Iewá era agora uma bela mulher, irresistível a qualquer homem. Porém, a sua beleza só se revelava durante a noite. De dia assumia a forma de uma verdadeira bruxa: recurvada, cheia de rugas, sem dentes e deformada fisicamente.

Encantado por seus feitiços, Orumilá, que desconhecia sua forma negativa, entregava-se aos prazeres do sexo durante a noite, e de dia, estafado, limitava-se a dormir profundamente até que uma nova noite surgisse.

Muito tempo se passou até que Exu resolveu procurar pelo adivinho.

Exu, por intermédio de informações colhidas entre os humanos, não tardou a chegar ao local onde o casal vivia isolado de tudo e de todos.

Orumilá tornara-se, então, um objeto de manipulação nas mãos da bruxa, que fazia dele o que bem queria, tendo o cuidado de mantê-lo em permanente estado de semiconsciência com a ajuda de poções secretas que ela mesma preparava e que eram ministradas nas refeições.

Viviam em uma pequena choupana inteiramente construída de palhas bem trançadas, semelhante às esteiras, e que ficava em um lugar sombrio, no recôndito da floresta. Iewá assegurara-se, ao escolher o local, de que a possibilidade de serem encontrados era muito remota.

Sabia de antemão que Exu, logo que notasse que o afastamento de Orumilá estava causando problemas, trataria de procurá-lo, e Exu, assim como a mosca, só não descobre o que não é de seu interesse.

Após haver caminhado durante muitos dias, seguindo sempre as orientações de seus informantes, Elegbá acabou por encontrar a cabana.

Cuidadoso como era, ficou nos arredores, escondido durante dois dias e duas noites, observando com muita atenção todos os movimentos dos moradores.

Achava estranho o fato de, todas as noites, uma mulher belíssima entrar na casa e, pela manhã, uma velha decrépita sair dela.

Observou bem, fez suas conclusões e mal pôde acreditar no que estava acontecendo: Orumilá, o poderoso adivinho, estava enfeitiçado, perdidamente enfeitiçado!

Depois de tomar ciência de tudo, Exu resolveu agir. Precisava despertar Orumilá e mostrar-lhe o que estava ocorrendo! E, para que isto pudesse acontecer, era necessário distrair a feiticeira, fazendo com que se afastasse, nem que fosse por instantes, da periferia da casa em que viviam.

Uma idéia surgiu na cabeça de Exu: sabia do pavor que Iewá, mesmo depois da metamorfose a que se submetera, nutria por Omolu, e, agindo rapidamente, cobriu-se de palhas e, assim disfarçado, dirigiu-se à pequena choupana.

Ao ver a figura manquejante e recurvada se aproximar, Iewá, julgando tratar-se de Omolu, fugiu imediatamente, escondendo-se no local mais distante da floresta. E isto era tudo o que Exu queria.

Depois de certificar-se que a mulher já se encontrava bem longe, Exu invadiu a casa na tentativa de resgatar o amigo. Tinha consciência dos poderes das ajés. Só de pensar no pássaro que vira sobre o templo da Sociedade Oxorongá, sua pele se arrepiava, ficando semelhante ao couro do ouriço-do-mato, de cujos espinhos costumava se utilizar para fazer algumas de suas artes.

Exu tremia de medo só de lembrar do poder das Iyami Ajés. Respeito não era tudo o que sentia, na verdade, era pavor! E ali estava ele, mais uma vez, tendo de enfrentar tal poder. Mas, enfim, tudo em nome da amizade!

– Orumilá! Orumilá! Desperta deste sono maldito! – gritava Exu sacudindo com força o adivinho.

– O que está acontecendo? – perguntou Orumilá, ainda muito atordoado – És tú Iewá? Já é noite?

– Que Iewá, que nada! – respondeu Exu irritado – Não vês que sou eu, Elegbara? O que está acontecendo contigo, amigo?

Como te deixaste levar mais uma vez pelos encantos femininos? Toma, bebe um pouco de água fresca e vamos sair daqui. Preciso te mostrar uma coisa para que se quebre este encantamento que se abateu sobre ti! – falou Exu.

Sem entender o que estava acontecendo, Orumilá, com um gesto mecânico, sorveu alguns goles da água contida na cabaça que Exu colocara em suas mãos.

– Onde está Iewá? Onde está o amor da minha vida? – perguntou Orumilá.

– O amor da tua vida? Vem comigo e verás a verdadeira face do amor da tua vida! – disse Exu, pegando o amigo por uma das mãos e arrastando-o, porta afora, na direção em que vira a bruxa correr.

Andaram algumas léguas floresta adentro e, repentinamente, Exu estancou, ordenando com um sinal que o companheiro fizesse silêncio...

Aos pés de uma grande paineira, de cujo tronco eriçavam-se duros e pontiagudos espinhos, a bruxa horrorosa se acocorava com medo de ser descoberta.

– Vês ali? – cochichou Exu, apontando a ajé.

– Sim, uma feiticeira decrépita é o que vejo. E o que tenho a ver com ela? Onde está Iewá? – voltou a perguntar Orumilá.

– Pois ali está Iewá! – falou Exu. – Ali está o amor da tua vida, como disseste! Vai, segura-a pelos cabelos e arranca-lhe a cabeça com as tuas mãos. Somente assim quebrarás o encanto que te foi colocado. Só assim libertarás Iewá, para sempre, da forma terrível que escolheu para viver! Mas, antes, fica sabendo que esta é sua forma real. A outra, a que conheceste e aprendeste a amar, era somente produto da tua mente entorpecida. Vai logo! Não perca mais tempo! – ordenou Exu.

De um só salto, Orumilá colocou-se em cima da bruxa e, subjugando-a com os joelhos sobre o peito, torceu-lhe a cabeça até separá-la do corpo, atirando-a para trás, com repugnância, como querendo livrar-se de algo que lhe sujava as mãos.

De uma maneira assombrosa, a cabeça da mulher rodopiou no solo e rolou novamente em direção ao corpo, que se debatia em convulsões, indo colar-se de novo ao pescoço. Os olhos esbugalhados giravam dentro das órbitas e, um grito aterrorizante, semelhante ao de um pássaro, fez com que um silêncio sepulcral se abatesse sobre a floresta. Os animais, refugiando-se em suas tocas, não faziam qualquer ruído, com medo de serem atacados por aquilo que o seu instintos reconhecia como sendo um perigo contra o qual eles não possuíam defesas.

Os dois companheiros ficaram algum tempo imobilizados, sem saber o que fazer com o cadáver da bruxa. Na angústia em que se encontravam, descobriram que gotas de suor brotavam dos poros da morta e se desprendiam sem escorrer sobre a pele, mas flutuavam no ar e orbitavam ao redor do corpo.

Lentamente, na medida em que a noite caia, o cadáver, completamente envolvido pelas brilhantes gotas de suor, foi readquirindo sua beleza, ao mesmo tempo em que produzia luz própria.

A pele foi ficando lisa e macia. As rugas desapareceram miraculosamente. As formas rejuvenesceram, os seios empinaram, as carnes macilentas tornaram-se rijas e um bronzeado original substituiu o tom esverdeado que tingia toda a pele. Quando a beleza juvenil de Iewá surgiu em toda a sua plenitude, o corpo tornou-se fluorescente e, já completamente iluminado, foi-se elevando do solo, lentamente... suavemente... e, assim, flutuou, passando entre as folhas dos arvoredos, indo se fixar lá, bem longe, bem no meio de céu. E as gotinhas de suor, conduzidas pelo vento, foram se posicionando por todo o espaço celeste.

O cadáver de Iewá transformara-se, para sempre, na Lua, que, segundo dizem, é fria como a morte. As gotas de suor por ele desprendidas, tocadas pelo vento, transformaram-se nas estrelas. Iewá pôde, desde então, retornar ao Orun e expor sua beleza na vitrine dos céus.

Exu e Orumilá retornaram juntos a Ifé. Estavam cansados e ansiavam também pela hora em que teriam permissão para voltarem ao Orun. Mas suas missões ainda não estavam cumpridas, e talvez não se cumprissem até o final dos tempos.

Da mesma forma que a maioria dos Orixás Funfun, os dois amigos não haviam optado por habitar em corpo humano, assim sendo, seu acesso ao Orun era possível a qualquer momento, dependendo somente da permissão de Olodumarê.

Bem distante dali, Obá, desgostosa, havia se estabelecido nas margens de um rio dentro da floresta. Alimentava um rancor visceral por Oxum, pelo mundo e por si mesma.

A única coisa que ainda a mantinha viva era a esperança de um dia ser perdoada por Xangô. Conservava viva a ilusão de que um dia sua orelha voltaria a crescer, quando então retornaria a Oyó em busca da reconciliação com o marido e da vingança contra Oxum.

Certo dia, enquanto afiava sua espada nas margens do rio, foi surpreendida pela visita de Oxumarê que, depois da morte de seu amo, havia ingressado no Culto de Ifá, tornando-se babalaô de renome.

Durante o longo período em que Orumilá esteve preso pelo feitiço de Iewá, Oxumarê o substituíra com muita eficácia. Era agora o adivinho preferido de Metolonfin, Rei de Ifé, e por isto tornara-se rico e famoso.

Foi de Oxumarê que Obá recebeu a notícia da morte de Xangô e, uma vez desfeita a ilusão de voltar a viver em companhia do esposo, nada mais restou à infeliz Iabá.

A partir daquele dia, Obá tornou-se ainda mais arredia e intratável. Enfurnava-se na floresta, onde ficava dias seguidos lembrando-se dos momentos de felicidade ao lado do seu único amor. Sabia que Oxumarê agira mal com ela, fora cruel quando, ao comunicar-lhe a morte de Xangô, tirou sua última esperança.

Agora, nada mais lhe importava. Aprendera também a detestar Oxumarê. Afinal de contas, não se deve matar a ilusão de ninguém, pode ser que esta ilusão seja a única coisa que este alguém possua. E este era o caso de Obá.

Um dia, uma terrível tempestade se abateu sobre aquela região, e Obá, sentada em um velho tronco de madeira, observava a enorme quantidade de raios que, rasgando a espessa cortina d'água que desabava dos céus, abatiam-se impiedosamente sobre a Terra.

O ribombar dos trovões faziam-na recordar da voz e das gargalhadas de seu falecido esposo, e uma saudade doída fez com que desejasse intensamente que ele surgisse à sua frente, revestido de todo o seu esplendor de homem ou de Orixá.

Neste momento um raio estalou um pouco acima de sua cabeça, caindo sobre um arabá centenário, a poucos metros do local onde ela se encontrava.

Atingida em cheio pela faísca, a imponente árvore incendiou-se por completo e, no meio das chamas, Obá viu surgir a imagem de Xangô, fogo vivo, que, de braços abertos, sorria para ela de forma marota e convidativa.

Sem hesitar um só momento, a guerreira, despojando-se de suas armas e roupas, correu em direção às chamas e, abraçada ao tronco flamejante, foi totalmente consumida pelo fogo.

Obá, sacrificando-se no fogo, renovava os votos de união eterna com seu grande amor.

Uma vez liberada do corpo, que se desfez em cinzas, retornou ao Orun, mãos dadas com Xangô e com Iansã.

O rio em que vivia recebeu seu nome e adquiriu, a partir de sua morte, um poder extraordinário. Dizem que as pessoas que sofrem desilusões amorosas, ao banharem-se em suas águas, ficam livres de seu penar e esquecem-se de quem as desprezou.

Ao Norte deste local, na região onde vivia o povo Fon, Omolu fora coroado rei de Savalu, exercendo seu governo com muita eqüidade. Avesso a qualquer tipo de novidade, jamais admitira que seu povo usasse utensílios de ferro ou de qualquer outro metal.

Tanto ele quanto Oxumarê eram filhos de Nanã. Mas Omolu alimentava por ela uma grande mágoa, não sem razão.

Logo após a fundação da Terra, Omolu foi um dos primeiros Orixás a optar pelo uso de um corpo de carne e osso, exatamente igual ao dos humanos.

Independente dos poderes que os Orixás possuiam, os corpos em que habitavam estavam sujeitos a todos os prazeres, necessidades e doenças a que estão sujeitos os corpos humanos. Eram matéria e, como tal, suscetíveis a todas as misérias que assolam a humanidade.

Encarregado de propagar doenças contagiosas entre os humanos como punição por suas faltas, Omolu acabou por contagiar a si mesmo, e as moléstias que adquiriu evoluíram, deixando graves seqüelas.

Quando era ainda muito jovem, as primeiras deformidades causadas pela lepra começaram a ficar visíveis no seu corpo e Nanã, sua mãe, repudiou-o e expulsou-o de casa por sentir vergonha de ter gerado um filho doente.

Humilhado, Omolu refugiou-se dentro da grande floresta. Passava os dias escondidos no buraco de uma árvore e à noite saía para cumprir a sua missão. Não é verdade que só sabia propagar doenças, curava muita gente que, sem merecer, havia sido contagiada.

Ele mesmo sentia vergonha de suas chagas e de sua aparência repugnante e, para escondê-las, vestia-se com um capuz de palha da costa, de onde caíam inúmeras franjas, do mesmo material, e que lhe cobriam o corpo, da cabeça aos pés.

Logo que foi expulso de casa, as pessoas ficaram sem conhecer o seu paradeiro. Yemanjá, cujo instinto maternal sobrepujava qualquer outro sentimento, preocupada, saiu à sua procura, acabando por encontrá-lo no estado da mais absoluta miséria e abandono.

A falta de higiene e de cuidados havia agravado terrivelmente suas mazelas. Suas chagas, cobertas de matéria purulenta, exalavam mal cheiro e atraíam uma grande quantidade de moscas que, picando-o impiedosamente, aumentavam, em níveis insuportáveis, as suas dores.

E foi assim, neste estado lastimável, que Yemanjá encontrou-o sozinho e encolhido dentro da árvore.

A bondosa Iabá cuidou dele como se fosse seu próprio filho. Sem o menor sinal de nojo, limpava suas feridas, refrescava-as com folhas maceradas misturadas a ori da costa, dava-lhe banhos e o alimentava carinhosamente.

Mas, apesar da dedicação e do desprendimento de Yemanjá, o enfermo, por orgulho, fugia dela assim que pressentia sua presença. Sentia vergonha de seu estado e, por vezes, achava que seria melhor morrer do que ter que expor sua desgraça a uma dama tão bela.

Quantas e quantas vezes Yemanjá ficou por horas procurando-o dentro da floresta! O estado crítico do paciente não permitia que se afastasse demasiadamente, mas escondia-se tão bem que, inúmeras vezes, sua benfeitora foi embora sem conseguir encontrá-lo.

Cansada de ter que procurar pelo fujão, Yemanjá amarrou, a um dos seus tornozelos, um xaorô[96] de metal que lhe havia sido presenteado por Ogun e, dessa forma, conseguia localizar facilmente Omolu pelo ruído produzido quando este caminhava.

Depois de muito sofrimento por ambas as partes, Omolu recuperou-se inteiramente. As chagas que o atormentavam secaram por completo, mas as cicatrizes e as deformidades ficaram, como marcas indeléveis, espalhadas por todo o seu corpo.

Por este motivo, Omolu dedicava a Yemanjá um amor filial intenso, além de um sentimento de gratidão que se manifestava de forma inversa em relação a Nanã.

---

96. Guizo. É costume, nos candomblés brasileiros, amarrarem-se guizos nos tornozelos dos iniciados no período da clausura a que são submetidos. Este costume está de todas as formas ligado à lenda aqui descrita. Ao mesmo tempo em que o xaorô representa uma homenagem aos Orixás envolvidos na história, permite que, pelo ruído que produzem, possa-se controlar os movimentos da Iaô.

Omolu

Embora não a odiasse, sentia por ela uma forte aversão. A mágoa de saber-se abandonado pela própria mãe em um momento tão crítico, fazia com que escondesse, lá no fundo do coração, um mal disfarçado desejo de vingança.

O sofrimento fizera de Omolu um ser rancoroso e vingativo e, como prova disso, podemos relatar a história que se segue e que teria acontecido muito antes dos fatos que deram surgimento aos desentendimentos entre os Orixás. Naquela época, a humanidade mal engatinhava.

Oxum, festeira como era, organizou uma grande festa que daria a oportunidade de todos os Orixás exibirem suas qualidades de dançarino.

O espetáculo, segundo nos parece, assemelhava-se muito ao Xirê dos candomblés atuais, superando-os, apenas, na originalidade.

Lá pelas tantas, Omolu resolveu apresentar sua dança, por meio da qual descreveria sua trajetória e sua missão neste mundo.

Ao som de um ritmo até então desconhecido por todos, apresentou uma dança que era marcada por movimentos lentos e claudicantes, pelos quais apontava para as chagas que já se haviam formado pelo seu corpo. Por mais que se esforçasse, não conseguia se fazer entender pelos presentes que, cansados da sua apresentação, passaram a ridicularizá-lo e a zombar da sua dança.

Ao perceber que se tornara alvo de galhofa, Omolu passou a executar movimentos ainda mais misteriosos e, desta forma, lançou sobre os convivas a moléstia de que era portador.

Pouco tempo foi necessário para que os Orixás descobrissem que haviam sido contaminados e, reunidos, foram consultar Ifá.

– A peste que se abateu sobre vós...–, disse o olhador após sacar um Odu, – ... foi transmitida por Omolu, por haverdes zombado dele e da sua dança. Somente ele tem o poder da cura. Somente ele poderá retirar o mal que foi por ele mesmo lançado! É preciso apaziguá-lo e, para isto, devereis oferecer-lhe um grande banquete, onde as comidas preferidas por cada um de vós deverão ser-lhe servidas. A Exu caberá a função de agente conciliador, entregando a ele os alimentos que será por vós mesmos preparados. Só assim conseguireis fazer com que tudo retorne a normalidade.

Seguindo as orientações de Ifá, os Orixás prepararam seus alimentos preferidos e, trajando suas melhores roupas, seguiram, no mesmo dia, em direção à casa de Omolu, liderados por Exu.

Com muita cortesia e respeito, ofereceram-lhe os alimentos e, enquanto Omolu comia, os Orixás, formando uma roda, dançaram e cantaram em sua honra.

Apaziguado, Omolu também dançou, sendo agora aplaudido por todos, que, a partir de então, puderam compreender o significado de sua dança. E todos ficaram curados da moléstia que os havia contagiado.

Este fato deu surgimento à cerimônia do Olubajé, realizada anualmente nos terreiros de candomblé, e que tem por finalidade purificar o mundo e seus habitantes de todos os tipos de negatividade que, o próprio Omolu, se encarrega de recolher e levar para bem longe dos seus fiéis.

Mas, retomando o fio de nossa narrativa, devemos dizer que Nanã envelhecera de forma precoce. Talvez o arrependimento por haver abandonado o filho doente à própria sorte tivesse colaborado, de forma eficaz, para o embranquecimento dos seus cabelos.

A ancianidade, no entanto, em nada empanara a sua beleza. Adquirira um ar de dignidade que só se obtém com o passar do tempo. Tornara-se austera e não admitia brincadeiras e risos ao seu redor. Todos os seus assuntos eram tratados com a maior seriedade e, quando entrava em qualquer recinto, exigia que todos os presentes ficassem de pé para saudá-la.

Os habitantes da região Mahi cultuavam-na como sua divindade principal. A sua importância entre eles era tão grande que, inúmeras vezes, chegava a ser confundida com Obatalá. Acabaram por elegê-la sua rainha, e a data da cerimônia de sua coroação já estava marcada. Era a oportunidade que Omolu esperava para vingar-se de sua mãe. Ao saber da novidade, mandou alguns emissários em busca de seu irmão Oxumarê, que se tornara escravo de Xangô, vendido que fora por Nanã.

Não foi difícil localizar Oxumarê, que, sendo agora um babalaô de renome, podia ser facilmente encontrado. Quando não estava em Ifé adivinhando para Metolonfin, podia ser achado no reino de Olokun, a quem prestava o mesmo serviço.

– Atotô Obaluaê![97] – disse Oxumarê diante do trono de Omolu.

– Em que, este humilde olhador te pode ser útil?

– Ahobobôi Oxumarê![98] – exclamou Omolu, respondendo à saudação – És meu irmão e não meu servo, como o fostes de Xangô por culpa de nossa mãe! Não precisas curvar-te diante de mim! Senta-te ao meu lado e vê se concordas com meu plano de vingança. Mas, antes, preciso saber: sentiste saudades de mim?

– Sim, meu irmão. Quase morri de saudades de ti! respondeu Oxumarê.

E os dois uniram-se em um longo e afetuoso abraço.

Omolu, pegando seu irmão pelas mãos, conduziu-o até o seu próprio trono e pediu-lhe que se sentasse no lugar de honra que era exclusivamente seu.

– Como? Sentar-me em teu trono? Mas seria muita audácia da minha parte... – disse Oxumarê.

– Senta-te logo! Senão o fizeres para atender um pedido de irmão, faze-o em obediência à uma ordem de rei! – falou firmemente Omolu.

Confuso, Oxumarê sentou-se, meio sem graça, no trono de Rei de Savalu que, afastando-se uns poucos passos, ficou a admirar a cena.

---

97. Saudação ritualística de Omolu. Obaluaiê (Rei e Senhor da Terra é um dos nomes ou títulos honoríficos deste Orixá). Omolu e Obaluaiê não são Orixás diferentes, mas nomes diferentes de um mesmo Orixá que, entre os fons, é conhecido como Sakpatá, Xamponan ou Molu Arauê.

98. Saudação do Orixá Oxumarê que pode ser traduzida literalmente como: "Salve o arco-íris."

— Perfeito, Oxumarê! Mais do que perfeito! Tens a dignidade e a majestade de um verdadeiro rei! E é exatamente isto que estou pretendendo! – exclamou Omolu.

— Não estou entendendo absolutamente nada! Por acaso pretendes abdicar em meu favor? Jamais aceitaria ocupar... – mas Oxumarê não conseguiu acabar de falar.

— Mas quem falou em abdicar? – perguntou Omolu, que de tão ansioso nem permitia que seu irmão completasse o que pretendia dizer.

Oxumarê já ia se levantando do trono, no que foi impedido pelo irmão, que começou a explanar seu plano:

— Muito sofremos em nossa juventude por causa de nossa mãe, não é verdade? Lembra-te quando fui expulso de casa por estar doente, e jogado no mundo sem a mínima condição de sobrevivência? Não fosse Yemanjá, não sei o que seria de mim... Lembra-te também quando nossa mãe te vendeu como escravo a Xangô ao saber que te transformavas na serpente piton? E tudo porque sentia vergonha de nós. Não podia admitir que os outros soubessem que um de seus filhos era leproso e que o outro, embora saudável, vez por outra assumia a forma de uma serpente... Lembra-te de tudo isto, aburemi?[99] – perguntou Omolu.

— Sim, mano... eu me lembro perfeitamente – respondeu o adivinho com amargura.

— Pois, então! É chegada a hora da vingança. Hoje Nanã faz questão de declarar ao mundo que nós somos frutos do seu ventre. Somos famosos e poderosos, e agora ela faz questão de proclamar que somos seus filhos! – explicou Omolu.

— Sim, mas não podemos impedi-la de fazer tal afirmação! Independente de nos haver repudiado um dia, continua a ser nossa mãe! Não foi ela quem nos pariu? – perguntou Oxumarê.

— Mas quem te disse que desejo desmenti-la ou renegar sua maternidade? Isto já fiz, há muito tempo, dentro do meu

---

99. Meu irmão. Este termo é comumente usado entre os iniciados de uma mesma casa de culto.

coração, onde o amplo espaço existente para as mães é agora ocupado por Yemanjá! – respondeu Omolu.

– Muito bem! Explica-me então de que forma poderemos nos vingar. Mas, antes, fica sabendo que não concordarei com qualquer ato de violência que possamos fazer ou mandar fazer contra ela. Nego-me terminantemente a matar ou ferir aquela que, embora tenha agido mal, nos engendrou aos dois – quis saber Oxumarê.

– Pois então fique calmo, porque não é nada disso! Que tipo de sentimento levou nossa mãe a nos abandonar? – interrogou Omolu.

– O orgulho e a vaidade, com toda a certeza! – afirmou rapidamente Oxumarê.

– Acertaste, irmão! Foi exatamente por orgulho e por vaidade que Nanã nos renegou! E é no seu orgulho e na sua vaidade que será atingida por nossa vingança! Sabias que nossa mãe vai ser coroada rainha dos jêjes da Cidade de Savê? Se não sabias, fica sabendo! – disse Omolu.

– Sim, e daí? Não foram eles mesmos que a escolheram? – perguntou o irmão.

– Sim, foram eles que a escolheram, e seremos nós que iremos impedir que tal coisa aconteça. – respondeu Omolu.

– E de que maneira, Omolu? De que forma poderemos impedir uma coroação, se foi o próprio povo de Savê que escolheu a cabeça a ser coroada? Sabes perfeitamente que a vontade do povo é a vontade de Olodumarê! – falou Oxumarê.

– É verdade, sei disso tudo. Mas o povo é volúvel como as mulheres, mudam de opinião como o vento muda de direção. O que pretendo, na verdade, é influenciar esta vontade, fazendo com que mudem de opinião – explicou Omolu.

Os olhos de Omolu faiscavam por baixo das palhas. Seu cérebro funcionava com a agilidade e a astúcia de kpo, o leopardo.

– Já te disse que a opinião pública muda como a brisa. Um dia os homens descobrirão isso, e transformarão a opinião popular na mais poderosa das armas. Dentre os poderes humanos, será o quarto e mais poderoso de todos. Elegerá governos, demitirá ministros, condenará inocentes e absolverá assassinos.

Pois bem, o herói de hoje pode ser o vilão de amanhã, e vice-versa. Mentiras podem virar verdades incontestáveis. Tudo depende de se saber manipular e direcionar, de acordo com os nossos interesses, a opinião das massas. Estás me entendendo? – perguntou Omolu.

– Claro que estou te entendendo. Só não sei ainda o que pretendes fazer. Até porque ainda não me disseste! – disse Oxumarê.

– Pretendo que, no dia da coroação, a coroa seja colocada sobre tua cabeça, e não sobre a dela. Quero que ela se sinta humilhada e relegada a um plano de inferioridade em favor, justamente, de alguém que ela um dia repudiou e fez sofrer humilhações. O que pretendo e hei de fazer, Oxumarê, é manipular a opinião dos fons para que sejas tu o rei dos jêjes! – explicou Omolu.

– A idéia até que não me desagrada... mas... sendo eu um rei, terei de ficar restrito ao meu palácio? Terei de renunciar à liberdade com que sempre sonhei e que só pude conquistar com a morte de Xangô? Se não me for mais permitido transformar-me no arco-íris que colore os céus após as tempestades, ou se for impedido de assumir minha forma de serpente, que me permite percorrer o interior da Terra e atingir os continentes que se encontram do outro lado do reino de Olokun, por certo não aceitarei a coroa dos fons – disse Oxumarê.

– Serviste a Xangô por muito tempo, não é verdade? – perguntou Omolu.

– Sim... – respondeu Oxumarê.

– E, por acaso, algum dia ele deixou de ir para onde bem quisesse, ou de fazer o que lhe desse na cabeça? Por acaso deixou, algum dia, de transformar-se em fogo sempre que isto lhe convinha? – perguntou Omolu.

– Não, nunca! – voltou a responder Oxumaré.

– Pois então, irmão! São exatamente estes teus poderes, aos quais nunca deste muita importância, que irão transformar-te em rei de um povo magnífico! – explicou Omolu.

A conversa se estendeu por toda a noite. Os irmãos, que não se viam há muito tempo, aproveitaram o ensejo para saber de tudo o que haviam passado durante o longo período de afastamento. Trocaram informações. Trocaram confidências. Trocaram conhecimentos. Comeram muito e beberam muito emu. Lá pelas tantas, quando o Sol começou a tingir os céus com a cor do flamboyant, caíram, lado a lado, de tão embriagados.

Os preparativos para a coroação caminhavam de forma acelerada. Nanã exigira que lhe fosse construído um belíssimo palácio, cercado de muralhas inexpugnáveis. Pretendia governar com austeridade e com punhos de ferro e sabia que atitudes radicais como as que costumava tomar causavam o descontentamento de muita gente. Precisava resguardar-se de uma possível revolução.

Foi apenas no dia da festa que Omolu e Oxumarê se apresentaram diante da mãe.

Orgulhosa, Nanã fez questão de apresentá-los aos seus súditos. Afinal de contas, um era rei e o outro adivinho de dois reinos importantíssimos! Mas, sendo seus filhos, não poderia ser de outra forma! – Saíram à mãe! –, afirmava envaidecida.

Na hora da cerimônia, apesar de suas importâncias, os filhos foram colocados em uma posição que demonstrava claramente a superioridade da futura rainha. Em cadeiras comuns, tiveram de se contentar em ficar junto aos convidados de destaque.

O trono, todo de ébano, havia sido construído no alto de uma plataforma ampla e muito bem polida, forrada por um grosso tapete de tecido azul-escuro decorado com flores brancas. Para chegar-se ao topo da plataforma, era necessário galgar os 13 degraus que o distanciava do solo, igualmente forrados com uma espécie de passadeira do mesmo tecido.

Do alto de seu trono, ornado de belíssimas almofadas brancas, Nanã permitia que seus súditos beijassem sua mão direita estendida. A fila era interminável, mas ela não se incomodava nem um pouco com a demora. Gozava cada segundo daquela glória. Afinal de contas, ninguém mais do que ela merecia tantas e tão justas honrarias.

Omolu e Oxumarê ocuparam os últimos lugares da fila.

– Lembra-te bem do nosso plano? – perguntou Omolu sussurrando no ouvido do irmão. – Prepara-te que já é a nossa vez!

Omolu subiu a ampla escada sobre a qual estava o trono de Nanã, beijou-lhe as duas mãos e colocou-se ao seu lado aguardando a vez do irmão.

Oxumarê, imitando o irmão, subiu lentamente a escada e, diante do trono de sua mãe, virou-se de frente para o povo. Trajava uma belíssima vestimenta branca, ornada de galões de diversas cores, todas muito brilhantes e agradáveis aos olhos.

Com um gesto teatral, livrou-se dos panos que cobriam seu corpo de formas perfeitas e negro como a noite. Foi aí que ocorreu a metamorfose. Seu corpo, adquirindo uma coloração esverdeada, alongou-se e cobriu-se de escamas de brilho metálico. Seus braços colaram-se ao tronco, fundindo-se a ele desaparecendo por completo. Suas pernas fundiram-se uma à outra e transformaram-se em um prolongamento do tronco, depois, crescendo mais e mais, formaram uma longa cauda exatamente igual ao corpo. Oxumarê, diante do povo estarrecido, transformara-se em Dangbe, a Serpente Sagrada.

As pessoas não esboçavam nenhuma reação. Permaneciam estáticas, magnetizadas e aterrorizadas pelo que viam. Muitos já tinham ouvido falar sobre Oxumarê, mas ninguém dava crédito aos poderes que lhe atribuíam.

Mas a exibição dos poderes de Oxumarê ainda não havia terminado. O que se via agora não era mais uma forma humana, mas a de uma piton gigantesca, fabulosa, aterrorizante, de cuja boca escancarada começou a brotar um facho de luzes coloridas que se foi estendendo em direção ao céu.

As cores encontravam-se em suas bordas, fundiam-se e mesclavam-se, originando novas cores, todas translúcidas e de beleza indescritível. Assim, o azul, fundindo-se com o amarelo, dava surgimento ao verde. O vermelho, encontrando-se com o azul, formava o violeta; e o amarelo, misturando-se com o vermelho, proporcionava o aparecimento do laranja. Cada cor apresentava graduações cromáticas que variavam dos tons mais claros aos mais escuros e assim, seria impossível descrevê-las tal a riqueza de nuances apresentadas.

A sensação de terror, inicialmente experimentada pelos presentes, transformava-se em êxtase. A serpente, por sua vez, transformou-se por completo no arco de luzes luminosas que, elevando-se a uma altura incalculável, percorreu toda a abóbada, cobrindo a cidade e indo mergulhar atrás das montanhas, do outro lado da floresta.

– Ahobobôi Oxumarê! – gritou Omolu, orgulhoso de seu irmão.

– Ahobobôi! – gritava o povo em uníssono. – Tu és nosso verdadeiro rei!

Lentamente, Oxumarê reassumiu sua forma humana e o povo, enlouquecido, suplicou que ele ocupasse o trono e aceitasse a coroa e o cetro. E todos o saldavam cantando:

– Oxumarê que fica no céu
Controla a chuva que cai sobre a Terra.
Chega à floresta e respira como o vento.
Pai, venha até nós para que cresçamos e tenhamos vida
    longa...[100]

A esta altura, Nanã já se encontrava bem distante da cidade.

– Como é que pode? – ela pensava – meu próprio filho roubar-me o momento de glória?

O que fiz eu para merecer tamanha humilhação? Como poderei encarar as pessoas depois de ter sido destronada antes

---

100. Verger, Pierre Fatumbi. *Op. cit.*, pág. 207.

mesmo de ser coroada? – E, assim pensando, tomou o rumo de Dassa Zumê.

    Seu instinto fazia com que caminhasse em direção ao pântano onde prolifera a lama, seu elemento por excelência. Sem se dar conta, Nanã foi andando lamaçal adentro, e afundou lentamente, enquanto dizia com a voz completamente irreconhecível e muito semelhante ao grasnir de uma rã – O que fiz eu? O que fiz eu? O que fiz eu?...

Capítulo 9

Adaptação de um itan...

A meu ver, o orgulho e a dignidade do negro não permitiria jamais que tal afirmativa fosse sustentada por eles mesmos.

Tratar-se-ia, isto sim, de uma forma de justificar o domínio exercido pelo branco na época, muito mais de acordo com os interesses dos seminaristas cristãos do que com o pensamento dos líderes religiosos dos iorubas e fons.

Um dos motivos apresentados para justificar o desumano tráfico de escravos era deslavadamente de fundo religioso. Afirmavam os cristãos da época, ser necessário que os negros fossem transportados para regiões distantes daquelas em que imperavam suas práticas religiosas para que, em contato com a "verdadeira religião", pudessem salvar suas almas do castigo eterno.

O autor

A volta ao Orun

O reinado de Oxumarê ficou fortemente estabelecido. As diversas cidades habitadas pelos fons se unificaram, transformando-se em uma única e grandiosa nação.

Muitos partidários de Nanã contestavam a legitimidade do novo rei e, por este motivo, sublevaram-se, na tentativa de derrubar o monarca.

As tropas, fiéis a Oxumarê, rapidamente dominaram o levante. Os revolucionários foram presos e sacrificados ritualisticamente em honra a Dangbe. No local onde foram enterrados, Oxumarê mandou construir um palácio e estabeleceu as fundações da capital do Reino de Daomei, termo que, em Fon, significa: Na barriga de Dan.

Era costume, na época, as incursões a territórios vizinhos com a intenção única de capturar escravos. Este costume, desenvolvido tanto pelos fons, quanto pelos nagôs, viria, muito mais tarde, a ser pago de uma forma muito trágica, como veremos a seguir.

A raça humana, a essa altura, já se havia espalhado por toda a face da Terra.

Na medida em que se estabeleciam em diferentes territórios, adquiriam características diferentes pela influência do clima e dos novos hábitos alimentares e, depois de alguns milhares de anos, os homens que, na sua origem, possuíam todos a pele negra, foram mudando de cor.

Aqueles que se estabeleceram em regiões demasiadamente frias, embranqueceram, seus olhos tornaram-se esverdeados ou azulados, seus cabelos ficaram lisos e adquiriram uma tonalidade amarelada e muito desagradável. Outros, que se estabeleceram no Oriente, perdendo a cor original, ficaram amarelos, seus olhos espremidos pelas próprias pálpebras, mal se abriam, e seus cabelos, apesar de continuarem negros, ficaram lisos e sem forma. Outros mais que, desafiando as águas do Oceano, atingiram as terras que ficavam além do reino de Olokun, passaram a prestar culto ao Deus-Sol, por isso suas peles ficaram avermelhadas como a casca do romã, mas, independente disso, conseguiram manter alguma coisa de sua beleza original.

Formavam agora quatro raças distintas: a negra, a branca, a amarela e a vermelha, e cada uma se achava superior às outras.

Naquele dia, Olodumarê, cansado das querelas raciais, resolveu estabelecer predominância entre elas. Inventou uma maneira para, por meio de uma espécie de teste, estabelecer a hegemonia entre as raças humanas.

Assumindo a forma de um ancião, colocou-se em uma esquina do mundo, onde exemplares de todas as raças costumavam passar, e, ali, esperou que alguém se aproximasse.

O primeiro homem que passou por aquele local era negro, e Olodumarê, chamando-o, entregou-lhe uma botija de barro e a importância de cinco centavos, com a ordem de comprar, para ele, tanto azeite-de-dendê quanto fosse possível adquirir com aquela quantia. O negro afastou-se para cumprir o determinado e, estando longe do velho, comprou quatro centavos de azeite, embolsando um para si.

Mas Olodumarê, que tudo vê, ao receber a botija, perguntou ao negro – Só este azeite por cinco centavos? Vi muito bem quando surrupiaste um centavo e o escondeste no teu bolso. Mas tudo bem! Tu determinastes teu preço e o valor de tua raça. Agora, segue em paz pela vida sabendo que vales apenas um centavo!

Pouco depois, surgiu um homem de pele vermelha, e Olodumarê encarregou-o da mesma missão. O homem, então, comprou três centavos de azeite e embolsou dois e, ao entregar a encomenda ao velho, ouviu de sua boca – Como? Só este azeite por cinco centavos? Vi muito bem quando escondeste para ti os dois centavos que economizaste na compra! Acabas de determinar o teu valor e o da tua raça! Agora segue pela vida ciente de que vales exatamente dois centavos!

Chegou então a vez do amarelo que, depois de receber do velho a botija, o dinheiro e a orientação para efetuar a compra, adquiriu dois centavos de azeite, embolsando os três restantes.
– Com que, então... –, protestou o Senhor, –...só conseguiste comprar este pouquinho de azeite com os cinco centavos que te dei? Quero que saibas que vi quando guardaste para ti três dos cinco centavos que te foram confiados! Este é o valor que estabelecestes para ti e todos os teus descendentes! Agora, segue pela vida ciente do quanto vales!

Em seguida, chegou um homem branco, a quem Olodumarê encarregou de missão idêntica. O branco comprou cinco centavos de azeite e, desta forma, entregou ao ancião a botija cheia até a boca.

Pegando em suas mãos, Olodumarê lhe disse – Deixe que eu te abençoe! Tu és bendito entre todos os teus irmãos! Tu os comandarás, e eles viverão submetidos a ti![101]

A partir de então, todas as demais raças foram submetidas à raça branca, e por ela escravizadas. Os negros, que haviam desenvolvido entre seus semelhantes o sistema de trabalho escravo, foram capturados e tornados servos dos brancos, que os levaram para terras longínquas, do outro lado do mar.

Longe da África, longe de tudo, tiveram de submeter-se ao Deus de seus Senhores, um Deus cruel que só acenava com castigos e vingança. Totalmente diferente de Olodumarê, que eles conheciam como o amor supremo.

O mundo agora estava pronto e entregue aos homens que possuíam, inclusive, o poder de criar deuses de acordo com as suas conveniências. E os Orixás, a uma ordem de Olórun, abandonando definitivamente suas formas carnais, retornaram ao Orun e, hoje, sempre que lhes é permitido, descem ao Aiê, onde, manifestados nos corpos de seus filhos, matam a saudade

---

101. Adaptação de um itan do Odu Otura Meji recolhido por Bernard Meaupoil.

do mundo que criaram e onde aprenderam a amar e a odiar como os homens.

Nas festas em seu louvor apresentam-se em toda a sua pujança e, cheios de orgulho, dançam aquelas que contam as suas histórias, plenas de vitórias e de fracassos, de amores e de ódios, de conquistas e de derrotas.

E lá do Orun, gozando a glória da presença de Olodumarê, continuam a zelar por nós, seus filhos, e, sempre que acham necessário, aplicam-nos umas boas palmadas, não como castigo, mas como um chamamento à ordem.

Algumas das querelas existentes entre eles ficaram até hoje sem solução, e é comum que, dois Orixás como Obá e Oxum, quando se manifestam em um mesmo terreiro, entrem em choque, encenando uma luta corporal na tentativa, quem sabe, de resgatar antigos débitos, realizar vinganças que, no Orun, não fazem mais sentido. Há de se levar em conta que, no momento da incorporação, estão, de forma inevitável, influenciados pela matéria e seus baixos instintos.

Mas, logo que retornam ao Orun, esquecem dos seus rancores e lembram-se, divertidos, que suas glórias são o orgulho de seus filhos.

Apenas um dentre todos os Orixás permanece entre nós, com a vantagem de poder ir ao Orun e retornar quando bem entender. O mais sábio, o mais simpático, o mais astucioso e mais humano de todos: Exu Elegbara, que, como prometeu um dia, continua se divertindo muito com a nossa ignorância e, muitas vezes, quem sabe, inspirando-nos para falar sobre eles, descrevendo as suas lendas e exaltando os seus feitos.

Rio de Janeiro, abril de 1998.

Obras consultadas

O presente trabalho apóia-se em fundamentos da religião nagô contidos nas seguintes obras:

ABRAHAM, R.C. *Dictionary of Modern Yoruba*. Londres, 1958.

ADEOYE, C. L. *Asà Ati Ise Yorubá*. EUA: Oxford University Press, 1979

AWOLALU, J. Omosade. *Yoruba Beliefs and Sacrificial Rites*. Londres: Longman House, 1979.

AZIZ, Philippe. *Os Impérios Negros da Idade Média*. Rio de Janeiro: Otto Pierre Editores, 1978. (Coleção Grandes Civilizações Desaparecidas).

BASCOM, William. *Ifa Divination (Communication Between Gods and men in West Africa)*. Londres: Indiana University Press, 1969.

FONSECA Jr., Eduardo. *Dicionário Yorubá (Nagô/ Português)*, 1983.

GLEASON, Judith. *A Recitation of Ifa, Oracle of the Yoruba*. New York: Gossman Publishers, 1973.

IDOWU, E. Baloji. *Olodumare, God in Yoruba Belief*. Longmans, 1962.

MARTINS, Adilson de Oxalá. *Merindilogun – O jogo de búzios por Odu*. Apostilas.

MAUPOIL, B. *La Geomancie à l'ancienne Côte des Esclaves*. Paris: Institut d'Ethnologie, 1981.

SANTOS, J. E. *Os Nagô e a Morte. Pàde, Asese e o Culto Egun na Bahia*. Petrópolis: Vozes, 1986.

THOMAS L. V. et LUNEAU, R. *Les religions d'Afrique noire*. France: L. Artheme Fayard, 1969.

ULLI BEIER. *"Gelede Masks" – Odu*, Ibadan, 1956, nº 6.

VERGER, Pierre Fatumbi. *Dieux d'Afrique – Culte des Orixás et Vodouns...* Paris: Paul Hartmann Éditeur.

__. *Os Orixás*. Corrupio, 1981.

__. "Grandeza e decadência do culto de Iyámí Oxorongá". In: *As Senhoras do Pássaro da Noite*.

Este livro foi composto na tipologia Garamond, corpo 11 / 13,2.
O papel de miolo é offset 75g/m², e o de capa, cartão supremo 250 g/m².
Foi impresso na Gráfica Edelbra, em Erechim, em março de 2024.